朝つくらない
お弁当の手帖

植木もも子

日東書院

はじめに

お弁当＝朝、早起きして作るもの
なんて考えは、もうおしまい。

週末、のんびりテレビを見ながら。
早く帰れた日の、夕ご飯のついでに。
前の晩に、パパッと。

Night!

好きな時に、おかずを作って
冷蔵庫に入れておけば
朝は、そこから詰めるだけ。

安心できるものを、きちんと。
ふだんの食材で、美味しく。

自分で作って、自分で食べる
そんな、忙しいあなたのための
お弁当の手帖です。

Morning!

←

Lunch!

朝つくらない　お弁当の手帖【目次】

第一章　メインおかず58

●鶏肉おかず　10

チーズ風味のコクてり　14
ピリ辛チキンカツ　15
スピード梅じそロール　16
ねぎ塩だれのソテー　17
カラフル野菜のナンプラー蒸し　18
かんたんタンドリー　19
七味風味の磯辺揚げ　20
ねぎ巻きコチュジャンソテー　21
手羽中と干ししいたけの煮もの　22
手羽中のみそ漬け焼き　23

●豚肉おかず　10

ゆで豚のハーブマリネ　24
ザーサイ炒め　25
丸め揚げのポン酢漬け　26
なすのみそはさみ揚げ　27
のりチーズロール　28
野菜巻きのソースソテー　29
重ねみそカツ　30
ふっくらしょうが蒸し　31
中華風のさっとうま煮　32
りんごとプラムのクリーム煮　33

●牛肉おかず　4

すき煮風　34
セロリの塩だれ炒め　35
クイックストロガノフ　36
フレッシュトマトのさっと煮　37

●ひき肉おかず　8

鶏ごぼうそぼろ　38
れんこんつくねの甘辛煮　39
キムチ入りシューマイ　40
しょうがみその磯辺巻き　41
ピーマンの肉詰め揚げ　42
ヘルシーメンチカツ　43
キャベツ入り煮込みハンバーグ　44
韓国風松葉焼き　45

●魚のおかず　20

あじのセサミフライ　46
いわしのたらこマヨ焼き　47
えびのスパイシーチリ　48
かじきのポテサラソテー　49
かじきのイタリアンムニエル　50
かじきの南蛮漬け　51
さけのポン酢蒸し　52
さけの竜田揚げ　53
さけのハーブソテー　54
さばのカレー風味焼き　55
さばのトマトソース煮込み　56
さばの韓国風ひと口揚げ　57
さわらの粒マスタード焼き　58
さわらの梅風味揚げ　59
シーフードミックスのとろみカレー煮　60
たらのアーモンドころも揚げ　61
たらの甘酢あんかけ　62
たらとたっぷり野菜のレンジ蒸し　63
ぶりのゆずこしょう焼き　64
ぶりのピリ辛ソテー　65

●卵・豆腐類のおかず　6

ミートオムレツ　66
ピリ辛かに玉　67
ゆで卵と厚揚げの煮もの　68
洋風がんもどき　69
おべんとマーボー　70

油揚げのロールソテー 71

お助けソース❶ トマトソース 72

第二章 野菜のサブおかず 72

●緑 20品

ブロッコリー 74
　ツナグラタン風
　茎とベーコンのペペロンチーノ

ほうれんそう 75
　おべんとごまあえ
　おべんとおひたし

アスパラガス 76
　キッシュ風
　ベーコン巻きソテー

いんげん 77
　ツナのパン粉炒め
　じゃこザーサイのきんぴら

えだまめ・そらまめ 78
　七味漬け
　クリームチーズあえ

おくら 79
　えのき梅あえ
　塩炒め

きゅうり 80
　しょうが炒め
　ピリ辛たたききゅうり

小松菜 81
　桜えび炒め
　油揚げロール煮

スナップえんどう 82
　たらこマヨあえ
　おかか炒め

ピーマン 83
　のりキムチあえ
　甘辛みそ炒め

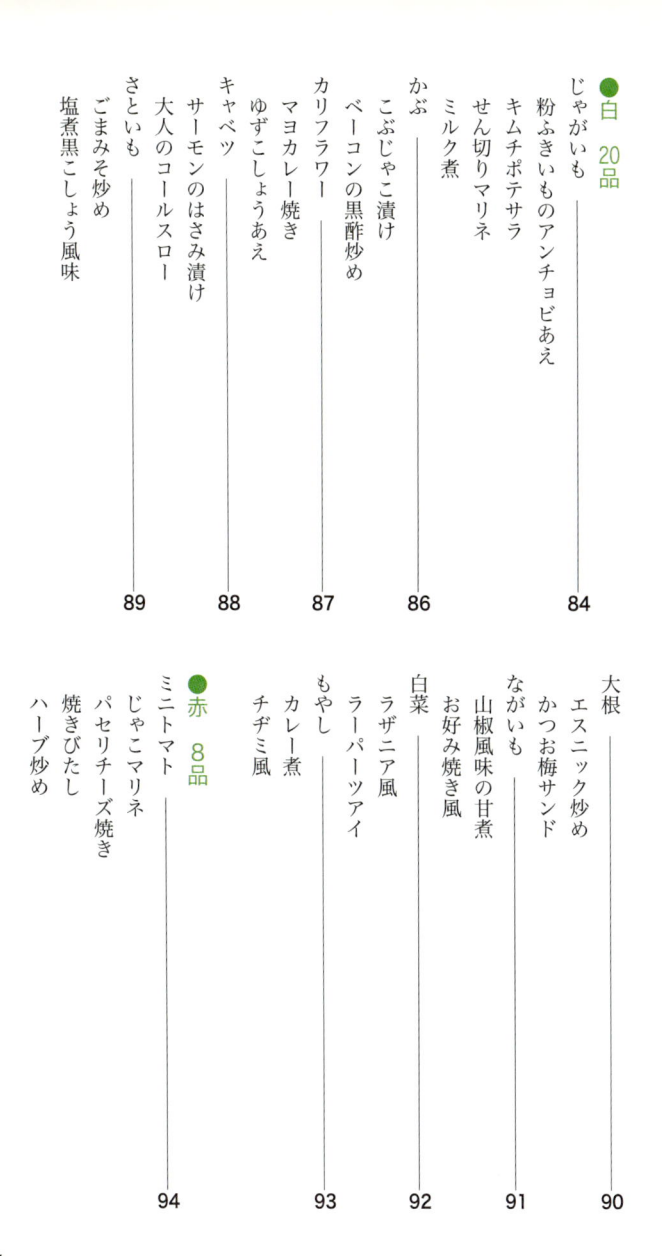

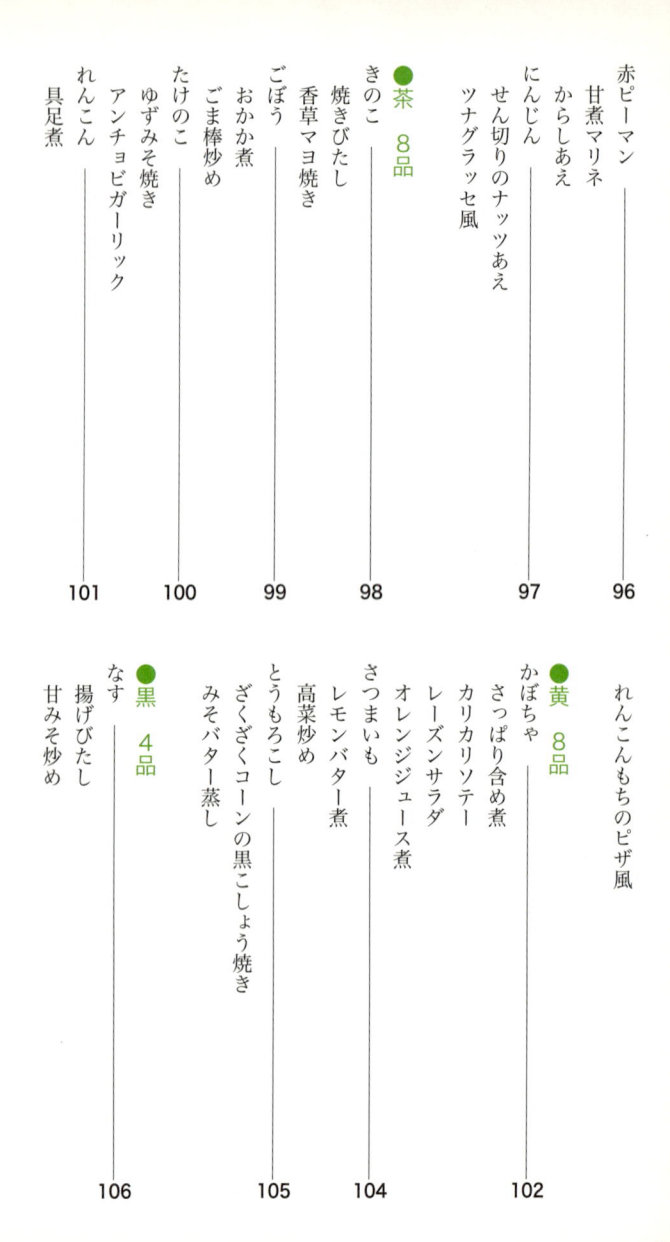

ひじき …… 107
ツナのしょうが煮
洋風サラダ

●カラフル　4品
カラフル野菜 …… 108
かんたんラタトゥイユ
即席ピクルス
ミックスベジタブル …… 109
マヨドレサラダ
中華風卵とじ

お助けソース❷
ミートソース …… 110

第三章　あと1品！のおかず40

味わいおかず

●お好み茶きん　3 …… 112
ツナキャベのコチュジャン風味
にら豆腐てりじょうゆ
トンれんそうのめんつゆ煮

●なんでも卵焼き　5 …… 114
もずくしょうが
ほたてブロッコリー
きざみキムチ
残り野菜のピリ辛風
ねぎ紅しょうが

●かんたんレンジおかず　3 …… 116
クイックポテサラ
白菜ロール
ささみと野菜のごまマリネ

●加工品に感謝おかず　5 …… 118
コンビーフの野菜炒め
なつかしハムカツ

ちくわのケチャップ炒め
はんぺんグラタン
さつま揚げのキムチ炒め

●お助けソースおかず 3 —— 120
豆腐のミートソース煮
野菜のドレッシング炒め
トマトソースペンネ

お助けおかず

●DHA補給おかず 5 —— 122
さばのマヨ焼き
さんまの卵とじ
かつおときゅうりのしょうがあえ
さけのピリ辛焼き
オイルサーディンのマリネ風

●ミネラル補給おかず 3 —— 124
高野豆腐のあけぼの煮
切り干し大根の含め煮
きくらげとセロリの炒め煮

●食物繊維補給おかず 5 —— 126
セロリの塩こぶきんぴら
にんじんのたらこきんぴら
れんこんのごまきんぴら
さつまいもの黒酢きんぴら
ごぼうのピリ辛きんぴら

●カルシウム補給おかず 3 —— 128
ししゃもの焼きびたし
チーズのワンタン巻き
高野豆腐のミルク煮

●ローカロリーおかず 5 —— 130
エリンギとしめじのわかめあえ
ピリ辛こんにゃく
えのきとしめじの粒マスタードあえ
しらたきのたらこ炒め
干ししいたけとこんにゃくの甘酢煮

お助けソース❸
玉ねぎドレッシング —— 132

第四章 その場で仕上げるひと皿弁当 5

その場ではさむサンドイッチ 134
その場でかけるドライカレー 136
その場で混ぜるビビンバ 138
その場であえるサラダランチ 140
その場でかぶりつく肉巻きおにぎり 142
お助けソース④ ハーブオイル 144

第五章 ごはん応援団 37

おべんとおにぎりのマイスターになる! 146
ごはんの友 ミニッツレシピ
●オーバー3ミニッツ 9 149
のりのつくだ煮/ゆずみそ
なめたけ/牛肉のしぐれ煮
豚みそ風/実山椒のつくだ煮
ちりめん山椒/うずら豆の甘煮
金時豆の赤ワイン煮
●アンダー3ミニッツ 14 153
青菜のじゃこ炒め/ししとうのおかか煮
おべんとごま塩/天かすごま
パセリベーコンガーリック/たらのさっぱりそぼろ
ツナの甘辛そぼろ/ごま高菜明太
焼きざけフレーク/干物ふりかけ
炒めソーセージ/たくあんのごま炒め
長ねぎの洋風焼きびたし/残り野菜の甘酢漬け
●ゼロミニッツ 14 158
切り干し大根のりんごジュース漬け
チーズおかか/クリームチーズの塩こぶあえ
にんじんと玉ねぎのレーズンあえ
きゅうりのからしあえ/梅ののりあえ
マヨキムチ/きゅうりのもみ漬け

ミックスビーンズのアンチョビ漬け
マッシュポテトのゆずこしょうあえ
玉ねぎの酢漬け／キャベツのじゃこポンあえ
大根の塩こぶ漬け／かわりみそ漬け

第六章 実践！お弁当カタログ

多品目バランス弁当❶ 和風 162
多品目バランス弁当❷ 洋風 164
多品目バランス弁当❸ エスニック風 166
2種類でも大丈夫弁当❶ 168
2種類でも大丈夫弁当❷ 169
ローカロリーヘルシー弁当 170
ローカロリー美肌弁当 172
腹持ちしっかりガッツリ弁当 174
おにぎり弁当 176

第七章 アイデア便利帳

保存と持参の安心アイデア6 178
食材別　下ごしらえと調理のアイデア6 180
調理法別　さくいん 184

レシピについて

＊　1カップは200cc、大さじは15cc、小さじは5ccです。
＊　特に明記がない場合は
「しょうゆ」はこい口しょうゆ
「だし汁」はかつおだし
「みそ」は田舎みそ
「めんつゆ」は3倍希釈タイプ
「酒」は清酒
「みりん」は本みりん
「油」はオリーブオイル
「塩」「こしょう」は、天然塩、黒こしょうを使っています。
＊　電子レンジは500Wのものを基準にしています。
＊　オーブントースターでの調理は、オーブンでも可です。

第一章

お弁当の味を決めるのはコレ！

メインおかず58

さめてもしっとりやわらか、な工夫がいっぱい
味わい、調理法ともにいろいろだから
晩ご飯の主菜にも活躍しそうなものばかり

仕上げのひとふりが、味の決め手

チーズ風味のコクてり

作り方

1 鶏肉は３㎝大のそぎ切りにし、酒大さじ１（分量外）をもみこんでおく。

2 フライパンに大さじ⅔の油を温め、鶏肉の両面を軽く色づくまで焼く。

3 **A**を順に回し入れ、そのつどフライパンをゆすって鶏肉にからめながら、中まで火を通す。

4 粉チーズとこしょう少々をふり入れ、全体にからめる。

◆**材料**（作りやすい分量）

鶏むね肉……………………………小１枚（250ｇ前後）

Ａ（酒・みりん・しょうゆ各小さじ２）

粉チーズ大さじ⅔

油　こしょう

豆板醤で、コクとうまみをグレードアップ

ピリ辛チキンカツ

作り方

1 鶏肉はひと口大のそぎ切りにする。
2 **A**を混ぜ合わせて、鶏肉をよくもみこんでおく。
3 **2**の汁けを切って、ころもを順につける。
4 180℃の揚げ油でカラリと揚げて、中まで火を通す。

◆**材料**（作りやすい分量）
鶏むね肉……………………………小１枚（250ｇ前後）
A（豆板醤小さじ１、酒小さじ½、しょうゆ小さじ⅔）
ころも（小麦粉・卵液・パン粉各適量）
揚げ油適量

レンジでチン＋余熱で完成

スピード梅じそロール

作り方

1 鶏肉は７㎜幅に切り、厚みのあるところは半分の厚さにする。

2 梅肉はみりんと酒でのばす。のりは四角く10等分にする。

3 **1**の鶏肉に梅肉をぬり、のり、青じその順に包む。

4 耐熱皿に並べ、ラップをかけてレンジで40秒加熱する。そのまま20秒ほどおいて中まで火を通し、ラップをはずす。

◆**材料**（作りやすい分量）

鶏むね肉……………………………小１枚（250ｇ前後）
梅肉…………………………………１個分
のり…………………………………全形１枚
青じそ………………………………10枚
酒・みりん各大さじ⅔

香りづけのごま油をお忘れなく

ねぎ塩だれのソテー

作り方

1　鶏肉は２㎝大に切り、**A**をもみこんで10分ほどおく。

2　フライパンに小さじ１の油を温め、鶏肉の両面に焼き色をつけ、中まで火を通す。

3　仕上げに、ごま油を回し入れる。

◆**材料**（作りやすい分量）
鶏もも肉…………………………小１枚（250ｇ前後）
A（長ねぎのみじん切り・酒各大さじ１½、塩少々）
ごま油小さじ⅔　油

エスニックの風味がたまらない

カラフル野菜のナンプラー蒸し

作り方

1　ピーマンは１㎝大の乱切りにする。

2　鶏肉は１㎝大の角切りにして耐熱性のボウルに入れる。**A**をもみこみ、シャンツァイとピーマンも加えてよく混ぜる。

3　**2**にラップをかけて、レンジで40秒加熱し、上下を混ぜ合わせる。さらに20～30秒ほど加熱し、そのまま10分ほどおいて中まで火を通し、ラップをはずす。

◆**材料**（作りやすい分量）

鶏もも肉……………………………½枚（150ｇ前後）

Ａ（酒・ナンプラー各大さじ１）

ピーマン……………………………１個

赤ピーマン…………………………¼個

シャンツァイ（粗みじん）…大さじ２

つけこむ時間はできるだけ長く！

かんたんタンドリー

作り方

1 鶏肉は3㎝大のにそぎ切りにし、**A**をもみこんでおく。

2 カレー粉とヨーグルトをよく混ぜ合わせて鶏肉を漬けこみ、2～3時間以上おく。

3 取り出してヨーグルトをぬぐい、オーブントースターでこんがりと焼いて、中まで火を通す。

◆**材料**（作りやすい分量）
鶏もも肉……………………………小1枚（250ｇ前後）
A（塩・こしょう各少々、酒小さじ1）
カレー粉大さじ½
ヨーグルト⅓カップ

のりで巻いて香ばしく！

七味風味の磯辺揚げ

作り方

1 ささみは斜めに棒状に切る。**A**をもみこんでから、七味唐辛子を好みの量ふる。

2 のりを16等分に切り、**1**のささみ１本に１枚ずつ巻く。

3 170℃の揚げ油でカラリと揚げて、中まで火を通す。

◆**材料**（作りやすい分量）

鶏ささみ……………………………３本

Ａ（塩少々、酒大さじ１）

のり…………………………………全形１枚

七味唐辛子・揚げ油各適量

甘辛みそで、味わい深く

ねぎ巻きコチュジャンソテー

作り方

1 ささみはひらいて厚みを半分にし、酒大さじ½（分量外）をもみこんでおく。万能ねぎは、ささみの長さに合わせて切る。

2 **A**を合わせて、ささみに¼量をぬり、万能ねぎの¼量をのせて巻く。これを４本作る。

3 フライパンに大さじ１の油を温め、ささみの巻き終わりを下にして焼き、中まで火を通す。

4 さめたら、ひと口大に切る。

◆**材料**（作りやすい分量）

鶏ささみ……………………………４本
万能ねぎ……………………………¼束
A（酒大さじ½、コチュジャン大さじ１）
油

じんわりなごむ、深いうまみ

手羽中と干ししいたけの煮もの

作り方

1 手羽は一度下ゆでする。干ししいたけは水で戻して軸を切り落とし、半分に切る。

2 鍋に手羽、しいたけ、戻し汁、酒を入れ、手羽が隠れるくらいの水を足して火にかける。

3 沸騰したら**A**を加え、落としぶたをして煮汁がなくなるまで煮て、中まで火を通す。時々鍋をゆすって焦げつかないようにする。

◆**材料**（作りやすい分量）
鶏手羽中肉……………………４本
干ししいたけ…………………２枚
干ししいたけの戻し汁………½カップ
酒大さじ２
Ａ（砂糖・しょうゆ各大さじ１）

香ばしい甘みその風味が絶品！

手羽中のみそ漬け焼き

作り方

1 Aをよく混ぜ合わせる。手羽を漬けこみ、２～３時間以上おく。
2 手羽を取り出し、みそをぬぐう。
3 オーブントースターでこんがりと焼いて、中まで火を通す。

◆**材料**（作りやすい分量）

鶏手羽中肉……………………………４本
A（白みそ100ｇ、酒・砂糖各大さじ２
　みりん大さじ１）

香り豊かなハーブでさっぱりと

ゆで豚のハーブマリネ

作り方

1 バジルとパセリはみじん切りにして大さじ２の油と混ぜ合わせる。玉ねぎはせん切りにして酢と混ぜ合わせる。豚肉はひと口大に切り、酒大さじ２（分量外）をふっておく。

2 沸騰した湯で、豚肉を少量ずつゆでて中まで火を通し、冷水にとる。

3 **2**の豚肉の水けをよくとり、**1**のハーブオイルと玉ねぎ酢を合わせてよく混ぜ合わせる。

4 塩小さじ½、こしょうで味を調える。

◆**材料**（作りやすい分量）

豚切り落とし肉………………150ｇ
バジル…………………………２本（20枚）
イタリアンパセリ……………２本
玉ねぎ…………………………½個
酢大さじ１
油　塩　こしょう

味つけはザーサイにおまかせ

ザーサイ炒め

作り方

1　豚肉はひと口大に切り、Aをもみこんでおく。ピーマンはひと口大に、ザーサイは粗くきざむ。

2　フライパンに大さじ½の油を温め、豚肉を炒める。ピーマンを加え、全体に油が回ったら、酒をふってフタをして、30秒ほど蒸らして中まで火を通す。

3　ザーサイを加えてよく炒め合わせ、仕上げにごま油を回しかける。

◆**材料**（作りやすい分量）

豚切り落とし肉…………………150ｇ
A（塩少々、酒大さじ１）
ピーマン…………………………1個
味つけザーサイ…………………30ｇ
酒大さじ１　ごま油小さじ１　油

たっぷり野菜で、栄養バランス抜群

丸め揚げのポン酢漬け

作り方

1 豚肉は両面に**A**をもみこんでおく。手前にしょうがを少量おいて丸め、片栗粉を薄くまぶす。

2 さつまいもとにんじんは薄切りに、いんげんは３等分に切る。にんじんといんげんは、ゆでてポン酢に漬ける。

3 170℃の揚げ油でさつまいもをカラリと揚げて、**2**のポン酢に漬ける。油の温度を180℃くらいに上げ、**1**の豚肉を揚げて中まで火を通し、**2**のポン酢に漬ける。

◆**材料**（作りやすい分量）
豚ばら薄切り肉（しゃぶしゃぶ用）…100ｇ
Ａ（塩・こしょう各少々、酒大さじ１）
さつまいも……………………………小¼本
にんじん………………………………¼本
いんげん………………………………５本
しょうがのすりおろし小さじ１　片栗粉少々
ポン酢しょうゆ大さじ３　揚げ油適量

なすをはさんでボリュームアップ

なすのみそはさみ揚げ

作り方

1. なすは縦３等分にし、半分の長さに切る。豚肉は半分に切る。**A**を合わせておく。
2. 豚肉に**A**を薄くぬり、なす１枚をおいて、もう１枚の豚肉ではさむ。これを６個作る。
3. ころもを順につける。180℃の揚げ油でカラリと揚げて、中まで火を通す。

◆**材料**（作りやすい分量）

豚ばら薄切り肉……………………６枚
なす…………………………………１個
A（みそ小さじ１、酒・みりん各大さじ１）
ころも（小麦粉・卵液・パン粉各適量）
揚げ油適量

とろけたチーズがいい感じ

のりチーズロール

作り方

1　いんげんはさっと塩ゆでし、半分に切る。
2　のり全体に豚肉を縦に並べ、塩、こしょう各少々をふる。手前にチーズを横に並べ、いんげんをのせて、くるりと巻く。半分の長さに切る。
3　フライパンに大さじ１の油を温め、**2**を転がしながら中まで火を通す。
4　さめたらひと口大に切り分ける。

◆**材料**（作りやすい分量）
豚もも薄切り肉………………６枚
いんげん………………………５本
のり……………………………全形１枚
スライスチーズ………………２枚
油　塩　こしょう

せん切り野菜がシャキシャキと

野菜巻きのソースソテー

作り方

1　豚肉は**A**をもみこんでおく。にんじんとセロリはせん切りにして、肉の枚数分（10～12枚）に分ける。

2　豚肉の手前に野菜をおき、端から巻く。

3　フライパンに大さじ½の油を温めて、豚肉を転がしながら焼き色をつける。酒をふりかけてフタをして、30秒ほど蒸し煮して中まで火を通す。

4　ウスターソースを回しかけ、強火で水分をとばすように炒め、肉に味をからませる。

◆**材料**（作りやすい分量）

豚もも薄切り肉……………………100g
A（塩・こしょう各少々、酒大さじ１）
にんじん……………………………４㎝
セロリ………………………………４㎝
酒大さじ１　ウスターソース大さじ２
油

ゆずみそで、ジューシーな味わい

重ねみそカツ

作り方

1　豚肉は塩、こしょう各少々をふる。ゆずみそは酒で溶きのばし、豚肉の片面に薄くぬり、はさむように重ね合わせる。

2　ころもを順につける。170℃の揚げ油でカラリと揚げて、中まで火を通す。

◆材料（作りやすい分量）

豚肩ロース薄切り肉……………………４枚
ゆずみそ（149ｐ参照または市販品）大さじ１
酒大さじ½
ころも（小麦粉・卵液・パン粉各適量）
揚げ油適量　塩　こしょう

さめてもやわらか　さわやか風味

ふっくらしょうが蒸し

作り方

1　豚肉はひと口大に切り、Aをもみこんでおく。
2　耐熱皿に豚肉をならべ、しょうがを少しずつのせ、酒を回しかける。
3　ラップをかけて、レンジで1分加熱して中まで火を通し、さめるまでそのままおく。

◆**材料**（作りやすい分量）
豚カレー用（肩ロースやもも肉など）……180g
A（塩少々、酒大さじ1、しょうがのすりおろし小さじ1）
酒大さじ1
しょうがのすりおろし小さじ2

コクとうまみをしっかりつけて

中華風のさっとうま煮

作り方

1　豚肉は**A**をもみこんでおく。玉ねぎは1㎝幅のくし型に、たけのこは2㎝大の乱切りにする。干ししいたけは水で戻して、4等分に切る。

2　フライパンに大さじ1の油を温めて、玉ねぎとたけのこを軽く炒め、豚肉も炒める。肉に焼き色がついたら、干ししいたけを加え、香りが出るまで炒める。

3　酒を回しかけ、フタをして中まで火を通す。オイスターソースを加えて全体になじませてひと煮する。

◆**材料**（作りやすい分量）
豚カレー用（肩ロースやもも肉など）…180ｇ
A（塩・こしょう各少々、酒大さじ1）
玉ねぎ……………………………………¼個
たけのこの水煮………………………小¼本
干ししいたけ…………………………２枚
酒・オイスターソース各大さじ1　油

果物の甘みをいかした、おしゃれおかず

りんごとプラムのクリーム煮

作り方

1 りんごは5㎜厚さのいちょう切りに、プラムはぬるま湯で洗い、4等分に切る。
2 フライパンに大さじ1の油を温め、玉ねぎとセロリを炒める。肉を加えて軽く焼き色をつける。
3 りんごを加えて軽く炒め、白ワインをふり、フタをして1分ほど蒸し煮する。
4 生クリームとコンソメを加えて、さらに煮て、中まで火を通す。仕上げにプラムを加え、塩、こしょう各少々で味を調えて、ひと煮する。

◆**材料**（作りやすい分量）
豚カレー用（肩ロースやもも肉など）…180ｇ
りんご……………………………………小½個
プラム……………………………………２個
玉ねぎのみじん切り……………………大さじ２
セロリのみじん切り……………………大さじ１
白ワイン¼カップ　生クリーム½カップ　コンソメ¼個
塩　こしょう　油

くたっと野菜の甘みがいきる

すき煮風

作り方

1. 牛肉はひと口大に切る。白菜は軸を４～5㎝長さの薄切り、葉はザク切りにする。長ねぎは１㎝幅の斜め切りにする。
2. 水１カップを沸騰させ、めんつゆ、酒、白菜の軸を加えてひと煮する。牛肉を加え、色が変わったらアクをとって、白菜の葉と長ねぎを加える。
3. 再沸騰したら火を弱め、５分ほど煮こんで中まで火を通す。

◆**材料**（作りやすい分量）

牛切り落とし肉……………………100ｇ
白菜…………………………………大２枚
長ねぎ………………………………½本
めんつゆ大さじ２½　酒大さじ１

香り高い、さっぱり炒め

セロリの塩だれ炒め

作り方

1. 牛肉は1cm幅に切り、**A**をもみこんでおく。セロリは軸を薄切り、葉は粗く刻む。
2. フライパンに大さじ1の油を温め、牛肉を炒める。肉の色が変わったらセロリを加えてしんなりするまで炒める。
3. 塩、こしょう各少々で味を調える。

◆**材料**（作りやすい分量）

牛切り落とし肉……………………150g
セロリ……………………………½本
A（塩少々・酒大さじ1）
油　塩　こしょう

あのこっくり味があっという間！

クイックストロガノフ

作り方

1 牛肉に**A**をもみこんでおく。玉ねぎは薄切り、しめじは3㎝長さに切る。

2 フライパンに大さじ1の油を温め、牛肉を炒める。焼き色がついたらいったん取り出し、玉ねぎをしんなりするまで炒め、しめじを加えてさらに炒める。

3 牛肉を戻し入れて、サワークリームとオイスターソースを加える。全体になじませながら煮て、中まで火を通し、パセリをふる。

◆**材料**（作りやすい分量）
牛切り落とし肉……………………150g
A（塩・こしょう各少々、赤ワイン大さじ1）
玉ねぎ………………………………⅙個
しめじ………………………………1パック
サワークリーム……………………35g
オイスターソース…………………小さじ2
パセリのみじん切り少々　油

完熟したトマトで作るのがおすすめ

フレッシュトマトのさっと煮

作り方

1 牛肉はひと口大に切り、**A**をもみこんでおく。トマトは半分に、玉ねぎはくし型切り、ピーマンは１㎝角の乱切りにする。

2 フライパンに大さじ½の油を温め、にんにくと牛肉を炒める。焼き色がついたら取り出し、玉ねぎとピーマンを炒める。

3 牛肉を戻し入れ、赤ワイン、水½カップ、トマトを加えて５分ほど煮て中まで火を通す。塩、こしょう各少々で味を調える。

◆**材料**（作りやすい分量）

牛カレー用肉（ももなど）……150ｇ
A（塩、こしょう各少々、赤ワイン大さじ２）
ミニトマト……………………10個
玉ねぎ…………………………½個
ピーマン………………………２個
にんにくのみじん切り小１かけ
赤ワイン大さじ２　油　塩　こしょう

ごぼうの歯ごたえも、美味しさのひとつ

鶏ごぼうそぼろ

作り方

1 ひき肉は酒大さじ１(分量外)で軽く混ぜ合わせる。ごぼうは細めのささがきにして水につける。

2 フライパンに大さじ½の油を温め、ひき肉を菜箸でパラパラになるように炒める。肉の色が変わったらごぼうの水けをきって加える。

3 全体に油が回ったら、だし汁、酒を加える。沸騰したら**A**を加え、煮汁が半量になるまで煮て、中まで火を通す。

◆**材料**（作りやすい分量）
鶏ひき肉……………100ｇ
ごぼう………………⅕本
A（しょうゆ・みりん各大さじ１、砂糖大さじ½）
だし汁½カップ　酒大さじ１　油

しっとりもっちり、おだんごみたい

れんこんつくねの甘辛煮

作り方

1 ひき肉は粘りが出るまでよく混ぜ合わせる。**A**とれんこん、しょうがを順に加えて、そのつどよくねり混ぜる。

2 **1**を4等分に分けて、丸く平らにまとめる。

3 フライパンに大さじ1の油を温め、両面をこんがりと焼く。

4 **B**を加えて強火で煮る。煮汁がなくなりかけたら、調味液をつくねにからめる。

◆**材料**（作りやすい分量）
鶏ひき肉……………………………150g
A（塩少々・酒大さじ1）
れんこんのすりおろし………大さじ3強
しょうがのすりおろし………小さじ1
B（だし汁½カップ、砂糖大さじ1弱
酒・しょうゆ各大さじ1
みりん小さじ1） 油

あっさりあんに、キムチがピリリ

キムチ入りシューマイ

作り方

1 キムチはみじん切りにし、汁けを軽くしぼる。ひき肉は粘りが出るまでよく混ぜ合わせ、**A**とキムチを順に加えて、そのつどよくねり混ぜる。

2 シューマイの皮を広げて、**1**のひき肉の$\frac{1}{9}$を中心におき、シューマイの形にまとめる。

3 蒸気の上がった蒸し器にキャベツなどの葉（分量外）を敷き、**2**をのせて８分ほど強火で蒸して、中まで火を通す。そのまま、さめるまでフタをしておく。

◆**材料**（作りやすい分量）

鶏ひき肉……………………………50ｇ

A（塩少々、酒大さじ$\frac{1}{2}$）

白菜キムチ…………………………60ｇ

シューマイの皮…………………９枚

和の香りが溶け合って、豊かな風味

しょうがみその磯辺巻き

作り方

1 ひき肉は粘りが出るまでよく混ぜ合わせ、**A**、しょうが、長ねぎを順に加えて、そのつどよくねり混ぜる。

2 のりは4等分に切る。1枚に、**1**の¼を全体にうすくぬり、三角形に折りたたむ。

3 フライパンに油少々を温め、**2**を弱火でじっくりと両面焼いて、中まで火を通す。

◆**材料**（作りやすい分量）

豚ひき肉……………………………100g
A（酒・みそ各大さじ1、砂糖小さじ2）
しょうがのすりおろし………小さじ1
長ねぎのみじん切り…………小さじ2
のり……………………………全形1枚
油

パンチのある辛さで、食べごたえアリ！

ピーマンの肉詰め揚げ

作り方

1 ひき肉は粘りが出るまでよく混ぜ合わせ、**A**と長ねぎ、しょうがを順に加え、そのつどよくねり混ぜる。

2 ピーマンは縦半分に切り、**1**の¼を詰める。全体に片栗粉をまぶして余分な粉をはたく。

3 160℃の揚げ油の中に、ピーマンの肉の面を下にして入れる。カラリと揚げて、中まで火を通す。

◆**材料**（作りやすい分量）
豚ひき肉……………………………100ｇ
ピーマン……………………………２個
A（豆板醤小さじ½、酒大さじ½、みそ小さじ１）
長ねぎのみじん切り…………大さじ１
しょうがのみじん切り………小さじ⅓
片栗粉・揚げ油各適量

平たく薄い形にして、手早くカリッ！

ヘルシーメンチカツ

作り方

1 玉ねぎとしいたけを油少々でしんなりするまで炒め、さましておく。

2 ひき肉は粘りが出るまでよく混ぜ合わせ、塩、こしょう各少々と、**1**を順に加えて、そのつどよくねり混ぜる。

3 **2**を4等分し、それぞれを手で押さえて平たく薄くする。ころもを順につけ、170℃の揚げ油でカラリと揚げて、中まで火を通す。

◆**材料**（作りやすい分量）
豚ひき肉……………………………80ｇ
玉ねぎのみじん切り…………大さじ２
生しいたけのみじん切り……１枚
ころも（小麦粉・卵液・パン粉各適量）
揚げ油適量　油　塩　こしょう

混ぜこみキャベツで、かさとうまみをしっかりプラス

キャベツ入り煮込みハンバーグ

作り方

1　キャベツはみじん切り、しいたけは薄切りにする。玉ねぎは半分をみじん切りにして油少々で炒め、半分はせん切りにする。

2　ひき肉は粘りが出るまでよく混ぜ合わせ、塩、こしょう各少々、炒め玉ねぎ、キャベツを順に加えて、そのつどよくねり混ぜる。4等分にして、小判型にまとめる。

3　油大さじ½を温め、**2**の両面に焼き色をつける。

4　**3**のフライパンの端で、玉ねぎのせん切りとしいたけをさっと炒め、白ワインとトマトソースを加えて煮込み、ハンバーグの中まで火を通す。

◆**材料**（作りやすい分量）

合いびき肉……………………100ｇ
キャベツ………………………葉１枚
玉ねぎ…………………………½個
生しいたけ……………………１枚
白ワイン¼カップ　油　塩　こしょう
トマトソース（72ｐ参照または市販品）½カップ

かみしめるたびに、うまみがジュワ！

韓国風松葉焼き

作り方

1 ひき肉は粘りが出るまでよく混ぜ合わせ、**A**を順に加えて、そのつどよく混ぜ合わせる。
2 のり１枚の上に、**1**を全体に均等にぬりのばす。
3 大きめのフッ素樹脂加工のフライパンを温め、のりを下にして焼き、肉の色が変わってきたら裏返しにして、中まで火を通す。
4 さめたら1.5㎝角に切り分ける。

◆**材料**（作りやすい分量）
牛ひき肉……………………………100ｇ
Ａ（長ねぎのみじん切り・松の実各大さじ２
白いりごま・酒・しょうゆ各大さじ１
一味唐辛子少々、ごま油大さじ½）
のり…………………………………全形１枚

黒ごまの香ばしいコクがクセになる

あじのセサミフライ

作り方

1　あじはひと口大に切り、**A**をふっておく。

2　黒ごまをたっぷりと両面につける。

3　170℃の油でカラリと揚げて、中まで火を通す。

◆**材料**（作りやすい分量）
あじ（３枚におろしたもの）…１尾分
A（酒大さじ１、塩少々）
いり黒ごま大さじ２～３　揚げ油適量

辛党なら、明太子でも！

いわしのたらこマヨ焼き

作り方

1　いわしは、**A**をふっておく。
2　たらこは薄皮に縦に切り目を入れ、ボウルに中身を出す。酒、玉ねぎ、マヨネーズを加えてよく混ぜ合わせる。
3　**2**を**1**のいわしの身にぬり、オーブントースターで焼き色をつけ、中まで火を通す。
4　さめたら、ひと口大に切り分ける。

◆**材料**（作りやすい分量）
いわし（3枚におろしたもの）…………3尾分
A（塩少々、酒大さじ1）
たらこ…………………………………………½腹
玉ねぎのみじん切り・酒各大さじ1
マヨネーズ大さじ3

山椒と七味、魅惑のコラボ！

えびのスパイシーチリ

作り方

1 えびは尾を残して殻をむき、背わたを取る。塩少々でもんで流水で洗い、水けをふき取る。

2 フライパンに大さじ１の油を温め、長ねぎを炒める。香りが出てきたらえびを加え、色が変わるまで炒める。

3 グリーンピースを加えて酒の半量をふりかけ、フタをして30秒ほど蒸らして中まで火を通す。

4 ケチャップを残りの酒で溶き、**3**に加えてよく混ぜ合わせる。仕上げに山椒と七味をふって、ひと炒めする。

◆**材料**（作りやすい分量）

えび……………………………10尾
長ねぎのみじん切り…………５㎝
グリーンピース（冷凍）……50ｇ
酒大さじ２、ケチャップ大さじ１
山椒ひとふり　七味唐辛子ふたふり
油　塩

乾燥マッシュポテトで、手早く美味しく

かじきのポテサラソテー

作り方

1 ボウルにマッシュポテトを入れて熱湯40ccで溶き混ぜ、**A**を加えてよく混ぜ合わせる。

2 かじきの身の厚みに切り目を入れ、軽く塩、こしょうをふって、マッシュポテトをつめる。形を整え、全体に塩、こしょうをふって薄く小麦粉をまぶし、余分な粉ははたく。

3 フライパンに大さじ１の油を温め、かじきの両面に焼き色をつけ、中まで火を通す。

4 さめたら食べやすく切り分ける。

◆**材料**（作りやすい分量）
かじきの切身（厚めのもの）…………２切れ
マッシュポテト（乾燥）………………10ｇ
Ａ（おろし玉ねぎ・酢各大さじ½
マヨネーズ大さじ１、みそ小さじ１）
小麦粉適量
油　塩　こしょう

レモンでさっぱり、口あたりはしっとり

かじきのイタリアンムニエル

作り方

1 かじきは**A**をふり、小麦粉をまぶす。レモンは半分に切る。

2 フライパンに大さじ１の油を温め、かじきの両面に焼き色をつける。

3 パセリとタイムをふり、レモンを４枚のせる。白ワインをふり、フタをして中まで火を通す。

4 さめたら食べやすく切り、残ったレモンをのせて保存する。

◆**材料**（作りやすい分量）
かじきの切身…………………２切れ
A（塩、こしょう各少々）
レモンの輪切り10枚
小麦粉適量
パセリのみじん切り大さじ１
タイム（ドライ）小さじ１
白ワイン大さじ２　油

ビネガーパワーで、元気いっぱい

かじきの南蛮漬け

作り方

1 かじきはひと口大に切り、**A**をふっておく。野菜はそれぞれせん切りにして、**B**を合わせたバットに入れておく。

2 かじきの汁けをきって、小麦粉をまんべんなくまぶす。170℃の揚げ油でカラリと揚げて、中まで火を通す。

3 揚げたかじきを**1**のバットに漬けこみ、野菜をからませておく。

◆**材料**（作りやすい分量）

かじきの切身……………………2切れ
A（塩・こしょう各少々、酒大さじ1）
玉ねぎ……………………………⅙個
にんじん…………………………3㎝
セロリ……………………………3㎝
B（酢大さじ2・しょうゆ大さじ½・砂糖小さじ1）
小麦粉・揚げ油各適量

レンジでチンだから、スピーディ！

さけのポン酢蒸し

作り方

1 さけは３cm大に切り分けて、**A**をふっておく。

2 長ねぎは斜め薄切り、えのきは半分に切ってほぐす。

3 耐熱皿に**1**のさけを並べ、上に長ねぎとえのきをちらす。ポン酢をまわしかけ、ラップをしてレンジで50秒ほど加熱する。

4 そのまま２分ほどおいて中まで火を通し、ラップをはずす。

◆**材料**（作りやすい分量）
さけの切身（甘塩）……２切れ
Ａ（こしょう少々、酒大さじ１）
長ねぎ…………………………½本
えのき…………………………½束
ポン酢しょうゆ大さじ３

片栗粉のカリッとしたころもが美味

さけの竜田揚げ

作り方

1 さけは2～3㎝大の大きさに切り分ける。
2 **A**を混ぜ合わせて、さけを漬けこみ、30分ほどおく（途中上下を返す）。
3 さけの汁けを軽くきって、片栗粉をまぶす。
4 170℃の揚げ油でカラリと揚げて、中まで火を通す。

◆**材料**（作りやすい分量）
さけの切身（生）……………2切れ
A（酒・しょうゆ・みりん各大さじ1
しょうが汁小さじ2）
片栗粉・揚げ油各適量

ハーブのおかげで、さめてもいい香り

さけのハーブソテー

作り方

1 さけは３等分に切り、**A**をふっておく。パセリは葉と軸に分け、葉は粗くきざむ。

2 フライパンにセロリの葉とパセリの軸を半量敷いて、さけを並べて白ワインをふる。

3 フタをして火にかけ、沸騰したら火を弱め、蒸し煮して中まで火を通す。

4 さめたらセロリの葉を取り除き、パセリの葉とレモンを加えて保存する。

◆**材料**（作りやすい分量）
さけの切身（甘塩）…………２切れ
Ａ（こしょう・タイム〈ドライ〉各少々）
セロリの葉１本分　イタリアンパセリ３本
白ワイン大さじ４　レモンの輪切り２枚

ほんのりたちのぼる、カレーの香りがたまらない

さばのカレー風味焼き

作り方

1 さばは2㎝幅に切り、**A**をふっておく。
2 **B**を混ぜ合わせ、茶こしなどで一度ふるう。
3 **1**のさばの汁けをきり、**2**のころもをまぶす。
4 オーブントースターで、こんがりと焼いて中まで火を通す。

◆**材料**（作りやすい分量）
さばの切身（小）……………2切れ
A（塩・こしょう各少々、酒大さじ1）
B（カレー粉小さじ1、小麦粉大さじ3）

甘酸っぱいトマトが、さばにからんで

さばのトマトソース煮込み

作り方

1　さばはひと口大のそぎ切りにして、**A**をふっておく。

2　じゃがいもは皮をむいてレンジで30秒ほど加熱し、さめたら7㎜幅の輪切りにする。

3　フライパンに大さじ1の油を温め、さばの両面に焼き色をつけ、じゃがいもも加えて焼く。

4　トマトソースと白ワインを流し入れ、フタをして数分煮て、中まで火を通す。

◆**材料**（作りやすい分量）
さばの切身（小）……………………………2切れ
A（塩・こしょう各少々、酒大さじ1）
じゃがいも（メークイーン）………………小1個
トマトソース（72p参照または市販品）…½カップ
白ワイン大さじ2　油

脂ののったさばと、コチュジャンの相性が◎

さばの韓国風ひと口揚げ

作り方

1 さばはひと口大に切り、酒大さじ 1（分量外）をふる。
2 Aを混ぜ合わせ、さばを20分ほど漬けておく。
3 さばの汁けをきって、片栗粉をまぶす。余分な粉ははたく。
4 170℃の揚げ油でカラリと揚げて、中まで火を通す。

◆**材料**（作りやすい分量）
さばの切身（小）……………２切れ
A（コチュジャン・酒・長ねぎのみじん切り各大さじ１
しょうゆ・ごま油各小さじ１）
片栗粉・揚げ油各適量

淡白なさわらが、風味豊かに変身！

さわらの粒マスタード焼き

作り方

1 さわらはひと口大に切り、**A**をふっておく。玉ねぎは薄切りにする。

2 マスタードを酒で溶きのばし、さわらの身の上にぬる。

3 オーブントースターの皿にオーブンシートを敷き、玉ねぎを広げて上にさわらをのせる。こんがりと焼いて、中まで火を通す。

◆**材料**（作りやすい分量）

さわらの切身……………………２切れ

A（塩・こしょう各少々、酒大さじ１）

玉ねぎ…………………………¼個

粒マスタード・酒各大さじ１

ほどよい酸味で、さっぱり

さわらの梅風味揚げ

作り方

1 さわらはひと口大に切り、酒大さじ1（分量外）をふっておく。

2 梅肉は酒とみりんで溶きのばす。ここにさわらの汁けをきって漬け、よくなじませる。

3 片栗粉を薄くまぶし、余分な粉ははたく。

4 170℃の揚げ油でカラリと揚げて、中まで火を通す。

◆**材料**（作りやすい分量）
さわらの切身……………………2切れ
梅肉……………………………½個分
酒・みりん各大さじ1
片栗粉・揚げ油各適量

ルウで煮こむから、調味いらず

シーフードミックスのとろみカレー煮

作り方

1 シーフドミックスは酒大さじ１（分量外）をふっておく。なすは２㎝大の乱切り、カラーピーマン（赤・黄）は１㎝の乱切りにする。

2 水½カップを沸騰させ、カレールウを溶かし、なすとピーマンを弱火で煮る。

3 野菜がやわらかくなったら、シーフードミックスの汁けをきって加え、１～２分煮て中まで火を通す。

4 水溶き片栗粉を回し入れて、とろみをつける。

◆**材料**（作りやすい分量）
シーフードミックス（冷凍）…１袋（150ｇ）
なす……………………………………１本
カラーピーマン（赤、黄）……各20ｇ
カレールウ１かけ
水溶き片栗粉（片栗粉小さじ½、水小さじ１）

たらのアーモンドころも揚げ

いつもの揚げものに飽きたら、ぜひ!

作り方

1 たらはひと口大に切り、**A**をしっかりめにふっておく。

2 **1**に、小麦粉、溶き卵、スライスアーモンドの順にころもをつける。最後に手でしっかりとおさえる。

3 160℃の揚げ油でじっくりと揚げて、中まで火を通す。

◆**材料**（作りやすい分量）

たらの切身（生）……………２切れ
A（塩・こしょう各少々、酒大さじ１）
スライスアーモンド…………40ｇ
ころも（小麦粉・溶き卵各適量）
揚げ油適量

火の通りが早いたらは、レンジ加熱でOK

たらの甘酢あんかけ

作り方

1 たらはひと口大に切って、**A**をふっておく。長ねぎは斜め薄切り、ピーマンは細切りにする。

2 たらを耐熱皿に入れ、ラップをかけてレンジで２分加熱する。そのまま２分おいて中まで火を通したら、ラップをはずす。

3 だし汁を沸騰させ、長ねぎとピーマンを煮る。野菜に火が通ったら、**B**を順に混ぜる。水溶き片栗粉を加えてとろみがつくまで煮る。

4 **2**のたらに、**3**の甘酢あんをかける。

◆**材料**（作りやすい分量）
たらの切身（生）……………２切れ
A（塩少々、酒大さじ１）
長ねぎ…………………………⅓本
ピーマン（赤・緑）…………各½個
だし汁½カップ
B（砂糖大さじ½、しょうゆ大さじ１、酢大さじ２）
水溶き片栗粉（片栗粉小さじ１、水大さじ１）

かくし味のカレー粉で、味わいキリリ

たらとたっぷり野菜のレンジ蒸し

作り方

1 たらはひと口大に切り、**A**をふっておく。玉ねぎとにんじんはせん切りにする。

2 耐熱皿にたらを並べ、カレー粉をまぶす。上に玉ねぎとにんじんをちらし、酒をふりかけて、ラップをしてレンジで２分ほど加熱し、そのままの状態で２分おいて中まで火を通す。

3 小さく切ったゆでブロッコリーを加えてさらに10秒加熱し、さっとあえる。

◆**材料**（作りやすい分量）

たらの切身（甘塩）…………２切れ
Ａ（こしょう少々、酒大さじ１）
玉ねぎ……………………………1/5個
にんじん…………………………３㎝
ゆでブロッコリー……………３房
カレー粉小さじ１弱　酒大さじ１

舌に響く、うまみと辛み

ぶりのゆずこしょう焼き

作り方

1　ぶりはひと口大に切り、**A**をふっておく。
2　ゆずこしょうをみりんで溶きのばし、ぶりの身に薄くぬる。
3　オーブントースターでこんがりと焼いて、中まで火を通す。

◆**材料**（作りやすい分量）
ぶりの切身……………………２切れ
Ａ（酒大さじ１、しょうゆ小さじ２）
ゆずこしょう小さじ１　みりん大さじ½

しっかり味で、ごはんがすすむ

ぶりのピリ辛ソテー

作り方

1 ぶりはひと口大に切る。**A**を混ぜ合わせておく。エリンギは縦に薄切り、万能ねぎは4㎝長さに切る。

2 フライパンに大さじ1の油を温め、ぶりの両面に焼き色をつける。

3 エリンギを加えて炒め、**A**をからめて中まで火を通す。仕上げに万能ねぎを加えて、ひと炒めする。

◆**材料**（作りやすい分量）

ぶりの切身……………………2切れ
エリンギ………………………1本
万能ねぎ………………………3本
A（豆板醤・しょうゆ各小さじ1
ケチャップ大さじ1）
油

ポテトを入れて、ボリュームアップ

ミートオムレツ

作り方

1 じゃがいもは皮をむいてレンジで30秒ほど加熱してやわらかくし、２㎝大に切る。ミートソースを温めて、じゃがいもと混ぜ合わせる。キャベツとにんじんは、塩少々をふってしんなりさせ、水けをしぼる。

2 卵を割りほぐし、**A**を入れて混ぜ合わせる。

3 フライパンに大さじ１の油を温め、卵液を流し入れてかき混ぜる。半熟状になったら、中央に**１**の具をのせて長く伸ばす。

4 両端の卵をかぶせ、上下を返し中まで火を通す。

◆**材料**（作りやすい分量）

卵……………………………………………２個
A（牛乳大さじ1、塩・こしょう各少々）
じゃがいも………………………………小１個
キャベツのみじん切り…………………葉１枚
にんじんのせん切り……………………２㎝
ミートソース（110ｐ参照または市販品）…大さじ４
油

豆板醤でパンチをプラス

ピリ辛かに玉

作り方

1 卵を割りほぐし、**A**、かにフレーク、長ねぎ、豆板醤を加えてよく混ぜ合わせる。

2 フライパンに大さじ１の油を温め、卵液を流し入れる。

3 焼き面がこんがりとしてきたら上下を返して、中まで火を通す。仕上げにごま油をたらして香りをつける。

◆**材料**（作りやすい分量）

卵……………………………………２個
A（酒大さじ½、塩・こしょう各少々）
かに缶（ずわいがにフレーク）…小１缶（80ｇ）
長ねぎのみじん切り………………⅕本分
豆板醤小さじ½　ごま油少々　油

だしをしっかり煮含ませて

ゆで卵と厚揚げの煮もの

作り方

1　ゆで卵は殻をむく。厚揚げはさっとゆでて２㎝大に切る。チンゲン菜もさっとゆでて軸と葉を切り分け、軸は縦１㎝幅に切る。

2　だし汁を温め、沸騰したら**A**を加える。ゆで卵と厚揚げを加え、落としぶたをして中まで火を通す。卵は時々上下を返す。

3　煮汁が半量ほどになり、厚揚げに味がしみたら**1**のチンゲン菜を加えて味を含ませる。

◆**材料**（作りやすい分量）

ゆで卵……………………………２個
厚揚げ……………………………½枚
チンゲン菜………………………１株
だし汁１カップ
A（酒・しょうゆ各大さじ１
　砂糖大さじ⅔、みりん大さじ½）

チーズ入りの小粋な味わい

洋風がんもどき

作り方

1 豆腐は水きりをして粗くほぐし、フードプロセサーに入れてなめらかにする。

2 おろした山いもと粉チーズ、**A**を加えてさらになめらかにして取り出す。

3 **2**の生地を小さめにすくってだ円状にまとめ、160℃の揚げ油の中に落とし入れる。きつね色になるまで揚げて、中まで火を通す。

◆**材料**（作りやすい分量）

木綿豆腐…………………………½丁
山いものすりおろし…………60g
粉チーズ大さじ1
A（パセリみじん切り大さじ1
　塩小さじ¼、こしょう少々）

とろみしっかり、味わいこっくり

おべんとマーボー

作り方

1 豆腐はしっかりと水切りをして、1㎝角大に切る。豚肉は酒大さじ1（分量外）をもみこんでおく。**A**を混ぜ合わせておく。

2 フライパンにごま油を温めて、豚肉と長ねぎを炒める。肉の色が変わったら豆腐を入れて炒め、**A**を加えてよく炒め合わせる。

3 1分ほど煮て中まで火を通す。水溶き片栗粉を回し入れ、とろみがつくまでしっかりと煮る。

◆**材料**（作りやすい分量）

木綿豆腐……………………½丁
豚ひき肉……………………80g
長ねぎのみじん切り…………⅕本
A（酒大さじ1、しょうゆ小さじ1
　　ケチャップ大さじ2、豆板醤小さじ½強）
水溶き片栗粉（片栗粉小さじ1、水大さじ1）
ごま油大さじ1

卵焼き？ NO！ もっちり油揚げです

油揚げのロールソテー

作り方

1 油揚げは長1辺を残して端を切り、1枚に広げる。

2 ひき肉は粘りが出るまでよく混ぜ、長ねぎとしょうがを加えてさらに混ぜる。**A**を順に加え、そのつどよく混ぜ合わせる。

3 ラップの上に**1**の油揚げをのせ、**2**の具を全体に厚みをそろえてぬる。端から重ねるように巻いていく。

4 フライパンを温め、弱火でじっくりと両面を焼いて、中まで火を通す。

◆**材料**（作りやすい分量）

油揚げ……………………………２枚
鶏ひき肉…………………………200ｇ
長ねぎのみじん切り…………⅕本
しょうがのすりおろし小さじ１
Ａ（酒・みそ各大さじ１、砂糖大さじ½）

もっと簡単！ さらに美味しく!!
お助けソース❶

トマトソース

市販品も便利だけど、手作りソースはひと味違う！
シンプルなトマトソースは、そのままでも
いろいろなソースのベースとしても応用可能。
保存状態が良ければ１か月は冷凍ＯＫです。
小分けして冷凍、使う分だけ解凍し、再冷凍はＮＧ！

★材料（４回分）
トマト水煮缶……………………１缶（400ｇ）
にんにくのみじん切り　大さじ１
玉ねぎとセロリのみじん切り　各大さじ３
Ａ（塩・こしょう各少々、砂糖小さじ１）
ローリエ１枚　油

★作り方

1　大さじ２の油でにんにくを炒め、香りが出てきたら玉ねぎとセロリを炒める。
2　トマトの水煮をつぶしながら加え、全体になじませる。
3　Ａとローリエを加え、半量になるまで20分ほど煮詰めればできあがり。

第二章

色が決めて！　主菜を美味しくひきたてる

野菜のサブおかず72

緑、白、赤、茶、黄、黒……よりどりみどり
野菜のビタミンカラーは
ランチタイムをグーンと豊かにしてくれます

ブロッコリー

つぼみだけでなく
茎にも栄養がいっぱい
無駄なく利用しましょう

ツナグラタン風

1 ブロッコリー３房（80ｇ）はひと口大に切り分けて、塩ゆでする。
2 ツナ30ｇをマヨネーズ・生クリーム各大さじ１、マスタード小さじ２、こしょう少々でよく混ぜ合わせる。
3 **1**と**2**を合わせ、２等分してアルミケースに入れる。マヨネーズ少々をかけて、オーブントースターで焼き目をつける。

茎とベーコンのペペロンチーノ

1 ブロッコリーの茎80ｇは３㎝長さの棒状に切り、塩ゆでする。ベーコンは細切りにする。
2 大さじ½の油で、赤唐辛子の小口切り１本とにんにくの薄切り１かけを香りが出るまで炒める。
3 **1**を加えてさらに炒め合わせ、塩、こしょうで味を調える。

ほうれんそう

水けの出やすい野菜なので
定番のおかずを
お弁当向きにアレンジしました

おべんとごまあえ

1 ほうれんそう½束は塩ゆでして、３cm長さに切る。
2 油、白いりごま、しょうゆ各小さじ１を混ぜ合わせ、**1**の水けをしぼってあえる。

おべんとおひたし

1 ほうれんそう½束は塩ゆでして、３cm長さに切る。
2 アンチョビのみじん切り２枚、にんにくのみじん切り½かけ、油小さじ１を混ぜ合わせ、**1**の水けをしぼって漬ける。

アスパラガス

さめても色鮮やかなので
お弁当向き
キッシュは2個分の分量です

キッシュ風（上）

1 アスパラ２本は塩ゆでして４等分に切る。玉ねぎ¼個は薄切り、ハムはざく切りにする。
2 卵１個は割りほぐして生クリーム大さじ１を混ぜ合わせ、塩、こしょうをふる。
3 アルミケースに油を薄くぬり、玉ねぎとハムを入れて塩、こしょうをふり、上にアスパラを放射状にのせる。**2**の卵液を流し入れ、スライスチーズ１枚をちぎってちらす。
4 オーブントースターでこんがりと焼き、中まで火を通す。

ベーコン巻きソテー（下）

1 アスパラ６本は固めに塩ゆでし、４等分に切る。
2 ベーコン３枚は半分に切り、アスパラ１本分を重ねてベーコンで巻き、ようじでとめる。
3 フライパンで**2**を転がしながらじっくりと焼き、ベーコン全体に火を通す。

いんげん

淡白な味わいなので
しっかりとした味つけにも
よくなじみます

ツナのパン粉炒め （上）

1 いんげん15本は固めに塩ゆでし、3cm長さの斜め切りにする。
2 大さじ1の油でパン粉大さじ2をこんがりと炒める。ツナ小1缶（80g）を加え、酒・みりん大さじ1、砂糖大さじ½、しょうゆ小さじ1で味を調える。
3 いんげんを加えて、全体に煮詰めてなじませる。

じゃこザーサイのきんぴら （下）

1 いんげん15本は固めに塩ゆでし、縦半分にして3cm長さに切る。ザーサイは細かく切る。
2 大さじ½の油でちりめんじゃこ10gを炒める。ザーサイを加えてひと炒めしたら、いんげんを加えて、全体に炒め合わせる。

えだまめ・そらまめ

かわいい形で存在感あり
ビールのおつまみだけでなく
お弁当にもぴったり

七味漬け （上）

1 えだまめ40ｇは塩ゆでし、皮の両端を切り落とす。
2 だし汁１カップを温めて、酒・みりん各大さじ１、しょうゆ小さじ½で味を調える。
3 火を止めて、七味唐辛子を好みの量混ぜ合わせ、えだまめを漬ける。

クリームチーズあえ （下）

1 むきそらまめ60ｇは塩ゆでして皮をむく。
2 クリームチーズ30ｇはやわらかくして、青のり小さじ½、塩、こしょうを混ぜ合わせる。
3 そらまめとあえる。

おくら

最初に塩をふって
指でこすると
表面のケバが取れます

えのき梅あえ (上)

1 おくら6本は塩をふってこすり、ゆでて斜めに切る。えのきはゆでてざく切りする。
2 梅肉5gをたたいて酒・だし汁各大さじ1と混ぜ合わせ、レンジで20秒ほど加熱する。
3 すべてがさめたら、**1**と**2**を合わせておく。

塩炒め (下)

1 おくら10本は塩をふってこすり、5㎜幅の小口切りにする。
2 油小さじ2で炒め、塩、こしょうで味を調える。

きゅうり

意外や意外
炒めものも美味！
水分はしっかりときって

しょうが炒め （上）

1 きゅうり1本は乱切りに、しょうが5gはせん切りにする。
2 ごま油大さじ½で桜えび大さじ½を炒め、香りが出てきたら、**1**を加えて炒める。
3 全体に油が回ったら、塩で味を調える。

ピリ辛たたききゅうり （下）

1 きゅうり1本は縦半分に切り、めん棒などで軽くたたいて割れ目を入れ、食べやすく切る。
2 豆板醤小さじ½、酒・しょうゆ各小さじ1を混ぜ合わせ、きゅうりを入れてなじませる。

小松菜

アクが少ないので下ゆでせずにすぐ調理できます

桜えび炒め （上）

1 小松菜½束は、３㎝長さに切る。
2 油小さじ２で桜えび大さじ１を炒め、香りが出てきたら、小松菜を加える。
3 酒小さじ２をふり入れて炒め、全体に油が回ったら、塩、こしょうで味を調える。

油揚げロール煮 （下）

1 油揚げ１枚は長１辺を残して端を切り、１枚に広げる。熱湯をかけて油抜きをし、小松菜２株にも熱湯をかける。
2 油揚げの上に小松菜の根もとと葉先を交互に重ねて並べる。端から巻いてようじでとめ、４等分に切る。
3 だし汁１カップをわかして、しょうゆ・酒・みりん各大さじ１、砂糖小さじ１で味を調える。**2**を入れて、沸騰したら火を弱め、落としぶたをして５分ほど煮含める。

スナップえんどう

ポクポクした歯ごたえと
やわらかい身が特徴
スジは必ずとりましょう

たらこマヨあえ（上）

1　スナップえんどう100ｇはさっと塩ゆでし、半分に切る。
2　たらこ30ｇは切り目を入れて開き、酒小さじ２をふってオーブントースターで焼いて中まで火を通す。
3　たらこをほぐし、玉ねぎドレッシング（132ｐ参照または市販品）と混ぜ、**1**とあえる。

おかか炒め（下）

1　スナップえんどう100ｇは斜め半分に切る。
2　油大さじ½で炒め、酒大さじ½をふって蒸し煮したあと、塩少々と削り節小さじ１を加えて炒める。
3　仕上げにしょうゆ小さじ１を回しかける。

ピーマン

ビタミンCの含有量は
緑野菜の中でトップクラス
お弁当の強い味方です

のりキムチあえ（上）

1 ピーマン３個は縦半分に切ってさっとゆでて冷水にとる。横にざく切りにして水けをしっかりとる。
2 韓国のり６枚は細かくちぎり、白菜キムチ60ｇは粗みじんに切って汁けをしぼる。
3 **1**と**2**をあえる。

甘辛みそ炒め（下）

1 ピーマン３個は縦１㎝幅に切り、さらに半分に切る。
2 みそ大さじ⅔、酒大さじ１、砂糖大さじ½を合わせておく。
3 小さじ２の油でピーマンを炒める。**2**を加え、水分がなくなるまで強火で炒める。

じゃがいも

保存もきき、腹持ちもする
安心の定番野菜
切り方で食感も変わります

粉ふきいものアンチョビあえ

1　じゃがいも１個（120ｇ）は２㎝角大に切ってゆでる。やわらかくなったら鍋をゆすって粉をふかす。
2　アンチョビ２枚は油を切り、粗みじんに切る。おろし玉ねぎ大さじ½、酢と油各大さじ１、こしょうを加えてよく混ぜ合わせる。
3　粉ふきいもを**2**であえ、塩で味を調える。

キムチポテサラ

1　じゃがいも１個は１㎝角に切り、やわらかくゆでる。
2　白菜キムチ50ｇは粗みじんに切り、マヨネーズ大さじ１と合わせる。
3　ゆであがったじゃがいもを混ぜ合わせ、塩、こしょうで味を調える。

ミルク煮

1 じゃがいも1個は、2㎝角大に切ってゆでる。
2 やわらかくなったら湯をきり、牛乳½カップ、コンソメ¼個を加えて火にかける。
3 沸騰したら弱火で5分ほど煮て、塩、こしょうで味を調える。

せん切りマリネ

1 じゃがいも1個はせん切りにして、たっぷりの水につけ、水の色が濁らなくなるまで水を変えて、水けをきる。にんじんとセロリ3㎝はせん切りにする。
2 **1**のじゃがいもとにんじんを、沸騰した湯でさっとゆでて、すぐに冷水にとる。
3 おろし玉ねぎ大さじ½、油・酢各大さじ1をよく混ぜ合わせ、水けをきった**2**とセロリをあえる。塩小さじ⅕、こしょう少々で味を調える。

かぶ

火の通りも
味のしみこみも早いので
手早く調理するのがコツ

こぶじゃこ漬け (右)

1 かぶ大１個（100ｇ）は６㎜厚さのいちょう切りにする。
2 こぶ茶小さじ１強は湯大さじ１で溶き、ちりめんじゃこ大さじ１は酒小さじ１をふりかけておく。
3 **1**と**2**をあえて15分ほどおいて、塩で味を調える。

ベーコンの黒酢炒め (左)

1 かぶ２個（160ｇ）は薄いいちょう切りにし、葉４～５本は粗みじんに切る。ベーコン２枚は細切りにする。
2 大さじ１の油でベーコンを炒め、かぶを加える。かぶがしんなりしてきたら、葉を加えて炒める。全体に油がまわったら、塩、こしょうと黒酢大さじ１を入れて混ぜ合わせる。

カリフラワー

こちらも火の通りが早い野菜
ゆですぎず、コリッとした
歯ごたえを残すと美味

マヨカレー焼き （上）

1 カリフラワー30ｇは固めに塩ゆでし、食べやすく切り分ける。
2 マヨネーズ大さじ１、カレー粉小さじ¼、酒小さじ１を混ぜ合わせる。
3 アルミカップにカリフラワーを半量ずつ入れて、上から**2**をかける。オーブントースターで焼き色をつける。

ゆずこしょうあえ （下）

1 カリフラワー50ｇは固めに塩ゆでし、ひと口大に切り分ける。
2 ゆずこしょう小さじ⅓、だし汁小さじ２、酒小さじ１、うす口しょうゆ大さじ½をよく混ぜ合わせる。
3 カリフラワーを**2**であえる。

キャベツ

漬け汁やオイルで保存すると
生のシャキシャキ感を
キープできます

サーモンのはさみ漬け （上）

1 キャベツの葉小２枚（50ｇ）は５㎝幅に切る。
2 酢大さじ３、砂糖小さじ１、塩小さじ⅓を混ぜ合わせる。
3 バットに、キャベツ２枚とスモークサーモン１枚を交互に重ね、**2**を回しかけて、上に重しをして30分ほどおく。キャベツがしんなりしてきたら、食べやすい大きさに切り、保存する。

大人のコールスロー （下）

1 キャベツの⅕個（200ｇ）と玉ねぎ¼個はせん切りにする。
2 玉ねぎとハーブオイル（144ｐ参照または市販品）大さじ２を混ぜ合わせ、キャベツも加えて、水けが出るまでしばらくおく。
3 水けをきってから、保存する。

さといも

独特のぬめりは、栄養の宝庫
ねっとりとした食感を
上手にいかしましょう

ごまみそ炒め（上）

1 さといも２個（120ｇ）は、ひと口大の乱切りにしてやわらかくゆでる。
2 みそ大さじ⅔、酒・みりん・白すりごま各大さじ１、砂糖大さじ½をよく混ぜ合わせる。
3 大さじ½の油でさといもを炒め、焼き色がつき始めたら**2**を加えて、炒め混ぜる。

塩煮黒こしょう風味（下）

1 さといも２個はひと口大に切って、だし汁１カップでやわらかく煮る。
2 さといもがやわらかくなったら、酒大さじ１と塩小さじ¼を加えて煮含める。
3 仕上げに、粗びき黒こしょう小さじ¼を加えて混ぜ合わせる。

大根

たっぷりの消化酵素を
いかしたいなら生食で！
ナンプラーとの相性も◎

エスニック炒め（上）

1 大根３㎝（100ｇ）はマッチ棒状に切る。生しいたけ２枚は薄切りにする。
2 ごま油大さじ１弱で大根を炒め、しいたけも加えて炒める。
3 大根がしんなりしてきたら、豆板醤小さじ½、ナンプラー小さじ２を加えて、全体に味をなじませる。

かつお梅サンド（下）

1 大根1.5㎝（50ｇ）は、ごく薄い輪切りにして、塩をごく少々ふってしんなりさせる。
2 梅肉１個と酒大さじ２を煮立ててさます。削り節１ｇはから炒りする。
3 大根に、**2**を合わせたものを少量のせて、半分に折ってなじませる。

ながいも

生で食べることが多いですが
加熱すると、ホクホクとした食感で
別の美味しさが味わえます

山椒風味の甘煮（上）

1 ながいも10㎝（120ｇ）は、７㎜厚さに切る。
2 だし汁１カップでゆで、沸騰したら酒大さじ１を加えて煮る。
3 やわらかくなったら、砂糖大さじ½と塩で味を調え、火を止めたら粉山椒をふる。

お好み焼き風（下）

1 ながいも10㎝は、２㎝大の乱切りにする。
2 大さじ１の油で炒め、いもが透き通り始めたら酒大さじ１をふってフタをして、30秒ほど蒸し煮する。
3 お好み焼き用ソース大さじ１と削り節１ｇを加えてよく混ぜ合わせて火を止め、青のりと紅しょうがを添える。

白菜

鍋には欠かせない野菜ですが
洋風や中華風の味わいにも
すんなりなじみます

ラザニア風 (上)

1 白菜の葉小２枚は（100ｇ）レンジで30秒ほど加熱してしんなりさせ、半分の長さに切る。
2 耐熱皿に白菜とミートソース（110ｐ参照または市販品）150ｇ、スライスチーズ３枚を半分に切ったものを交互に重ねてのせていく。
3 オーブントースターで、チーズに焼き色がつくまで焼く。

ラーパーツアイ (下)

1 白菜の葉大２枚（150ｇ）は、軸と葉をＶ字に切り分け、軸は５㎝長さの細切りに、葉はざく切りにする。
2 ごま油大さじ１を温め、軸を炒める。しんなりしてきたら、葉も加えて炒める。
3 赤唐辛子の小口切り１本と、酢大さじ１½、砂糖小さじ２、塩小さじ¼を回し入れ、混ぜ合わせたらすぐに火を止める。

もやし

安くて栄養豊富なお助け野菜
味や粉をしっかりつけて
水分が出るのを防ぎましょう

カレー煮（上）

1 もやし½袋（150g）は、さっとゆでる。
2 水½カップを沸騰させ、カレールウ½かけを溶かす。
3 もやしを加えてひと煮させ、水溶き片栗粉（片栗粉小さじ½、水大さじ1）を回し入れ、とろみがつくまで煮る。

チヂミ風（下）

1 もやし½袋は水けをよくきって広げ、小麦粉大さじ1を茶こしに入れてふりかける。
2 ごま油大さじ1を温め、もやしを全体に広げて入れる。桜えび5gをちらし、塩、こしょうをふる。
3 溶き卵1個を全体に回し入れ、フタをして両面をこんがりと焼いて中まで火を通す。

ミニトマト

かわいい色と形で
彩り用になりがちだけど
加熱調理で味わいおかずに変身！

じゃこマリネ

1 ミニトマト15個は縦半分に切る。
2 ちりめんじゃことドレッシング（132p参照または市販品）各大さじ1でよくあえる。
3 **2**で**1**のトマトをさっと炒める。

パセリチーズ焼き

1 ミニトマト10個はオーブントースターで、皮が破れるくらいまで焼く。
2 塩、こしょうをふり、スライスチーズ1枚を小さくちぎってのせて、さらに焼く。
3 チーズが溶けてきたら、パセリのみじん切りをふる。

焼きびたし

1. ミニトマト15個は弱火で焼き色がつくまで焼く。
2. しょうゆ、みりん、油各小さじ１を加える。
3. 調味料をトマトにからめながら、長ねぎの斜めせん切り¼本を加えて軽く煮詰める。

ハーブ炒め

1. 油小さじ１とにんにくのみじん切り１かけを温める。
2. 香りが出てきたら、ミニトマト15個を、皮がはじけ始めるまで炒める。
3. パセリのみじん切り大さじ１を加え、塩、こしょうで味を調える。

赤ピーマン

緑ピーマンが完熟したもの
短時間加熱で
やわらかさと甘みを楽しんで

甘煮マリネ （上）

1　ピーマン２個は縦半分にして横７㎜幅に、玉ねぎ20ｇは縦薄切りにする。
2　大さじ１の油で**1**を炒めて、白ワイン大さじ１、酢大さじ½、砂糖小さじ２、塩、こしょうをふる。
3　１分ほど煮て火を止める。

からしあえ （下）

1　ピーマン２個は縦１㎝幅に切って３㎝長さにする。
2　沸騰した湯に**1**を入れ、さっとゆでて水けをきる。
3　だし汁・しょうゆ各大さじ１、ねりからし小さじ１で、よくあえる。

にんじん

豊富に含まれるカロチンは
油と一緒に食べると
吸収率がグンとアップ

せん切りのナッツあえ （上）

1 にんじん½本（100ｇ）は３㎝長さのせん切りにして、さっとゆでる。
2 油大さじ２、レモン汁大さじ１、塩小さじ⅔で、よくあえる。
3 粗くきざんだアーモンド15粒と混ぜ合わせる。

ツナグラッセ風 （下）

1 にんじん½本は、３㎝長さに切って縦４〜６つ割りにして、水からゆでる。
2 やわらかくなったら、いったんゆで汁をきる。
3 ツナ60ｇ、酒大さじ１、油小さじ１、塩、こしょうを加えて、いり煮する。

きのこ

ローカロリーで種類が豊富
それぞれに味わいも違うので
サブおかずにはもってこい

焼きびたし（上）

1 エリンギ1本は縦5㎜幅に切り、3㎝長さにする。しいたけは4等分にして、オーブントースターで全体にこんがりと素焼きする。
2 だし汁½カップ、しょうゆ大さじ2、酒大さじ1をよく混ぜ合わせ、**1**を漬ける。
3 レモンの薄切り4枚を4等分し、**2**に加えて保存する。

香草マヨ焼き（下）

1 しめじ½パックとえのき¼袋は3㎝長さに切り、塩、こしょうをふる。
2 マヨネーズ大さじ1と酢・パセリのみじん切り各大さじ½を混ぜ合わせる。
3 アルミケースに**1**を半量ずつ入れ、**2**をかけてオーブントースターでこんがり焼いて、中まで火を通す。

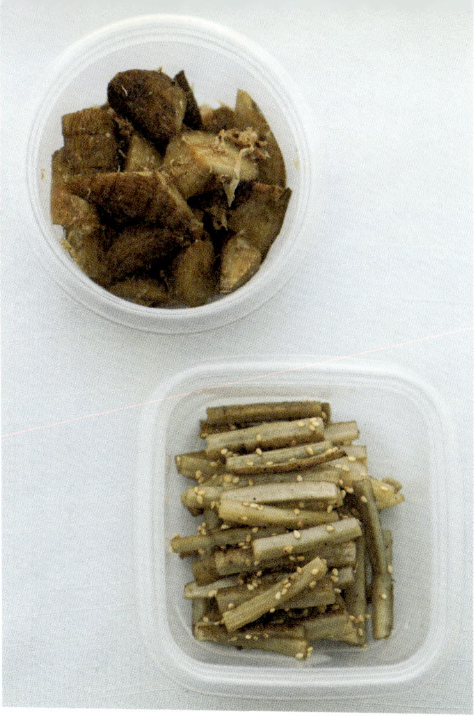

ごぼう

たっぷりの食物繊維で腸の頼もしい味方
皮はむかずに、こそげる程度で

おかか煮 （上）

1 ごぼう½本（100ｇ）は２㎝大の乱切りにし、ひたひたの水につけ、やわらかくなるまで煮る。
2 酒・みりん各大さじ１、しょうゆ小さじ２を加えて、ごぼうにからめる。
3 煮汁がなくなってきたら、削り節２ｇを入れて、まぶしつける。

ごま棒炒め （下）

1 ごぼう½本は３㎝長さに切り、太さによって３～４つ割りにする。
2 大さじ１の油でごぼうを炒める。焼き色がついてきたら酒大さじ１をふって、フタをして30秒ほど蒸し煮する。
3 白いりごま大さじ½を加えて炒め、塩、こしょうで味を調える。

たけのこ

独特の歯ごたえが、うまみの秘密
部位の固さにあわせた
美味しい料理法をご紹介

ゆずみそ焼き （上）

1 たけのこの水煮の根もと部分100ｇは１㎝厚さのいちょう切りにして、ひたひたの水、酒大さじ１、しょうゆ大さじ½を入れて火にかけ、沸騰したらざるにあけて水けをきる。
2 **１**のたけのこの表面に、ゆずみそ（149ｐ参照または市販品）大さじ２を薄くぬり、オーブントースターで焼き色がつくまで焼く。

アンチョビガーリック （下）

1 たけのこの水煮160ｇはひと口大の乱切りに、アンチョビ２枚は油をきり、粗みじんに切る。
2 大さじ１の油でにんにくのみじん切り１かけとたけのこを炒める。油がまわったら、アンチョビと酒大さじ１を加え、強火で炒める。
3 塩、こしょうで味を調え、パセリのみじん切りをふる。

れんこん

ホクホク、モチモチ、シャキシャキ
調理の仕方で
驚くほど口あたりが変わります

具足煮（上）

1 れんこん大½節（120ｇ）は縦4等分に切って、5㎜厚さに切る。ひたひたの水に入れ、やわらかくなるまで煮る。
2 赤唐辛子の小口切り1本と、めんつゆ大さじ1½、酒大さじ1を加え、煮含める。

れんこんもちのピザ風（下）

1 れんこん小1節（160g）はすりおろし、片栗粉小さじ2、塩、こしょうをよく混ぜ合わせ、半量ずつハンバーグのように丸める。
2 大さじ1の油でれんこんの両面に焼き色をつけ、中まで火を通す。
3 アルミケースにうつし、上にトマトソース（72ｐ参照または市販品）大さじ3と、ちぎったスライスチーズ1枚を半量ずつのせて、オーブントースターでこんがりと焼く。

かぼちゃ

甘くてホクホク
栄養バランスにもすぐれ
血行を促す効果もあります

さっぱり含め煮

1 かぼちゃ⅛個（100ｇ）は８㎜厚さの２㎝長さに切る。
2 水１カップ、めんつゆ・酒各大さじ１を加えて火にかける。
3 沸騰したら落としぶたをして、かぼちゃがやわらかくなるまで煮含める。

カリカリソテー

1 かぼちゃ⅛個は７㎜厚さの３㎝大に切って、レンジで１分加熱する。
2 大さじ１の油でにんにくの粗みじん½かけを炒め、香りが出てきたら、ベーコンの細切り１枚半と**1**のかぼちゃを加え、ベーコンがカリッとするまで炒める。
3 塩、こしょうで味を調える。

レーズンサラダ

1 かぼちゃ⅛個は2㎝角に切り、やわらかくゆでて水けを切る。レーズン大さじ1は湯洗いして水けをふく。
2 マヨネーズ大さじ1強と酢大さじ½をよく混ぜ合わせ、1を加えてあえる。
3 塩、こしょうで味を調える。

オレンジジュース煮

1 かぼちゃ⅛個は6㎜厚さの4㎝長さに切る。
2 オレンジジュース180ccと砂糖大さじ½を加え、落としぶたをして火にかける。
3 沸騰したら中火で煮て、やわらかくなったら、フタをとって煮詰める。

さつまいも

甘み野菜として人気ですが
カロリーは比較的控えめで
食物繊維も豊富

レモンバター煮 （上）

1 さつまいも⅓本（100ｇ）は１㎝弱の厚さのいちょう切りにして、ひたひたの水を入れて火にかける。
2 さつまいもがやわらかくなったら、砂糖・酒・レモン汁各大さじ１、レモンの輪切りの４つ切り、レーズン大さじ１、バター小さじ１を加えて味を含ませる。

高菜炒め （下）

1 さつまいも⅓本は４㎝長さの棒状に切る。
2 大さじ１の油で、さつまいもを炒め、表面が透き通ってきたら酒大さじ１を回しかけ、フタをして10秒ほど蒸し煮する。
3 高菜漬けを粗みじんしたもの大さじ１強を加え、全体になじませる。

とうもろこし

缶詰や冷凍も便利だけれど
旬の時期に作りたい
本来の甘みをいかした調理法です

ざくざくコーンの黒こしょう焼き（上）

1　とうもろこし1本は5㎝長さに切り、包丁で実をまとめてこそげ落とすように切る。
2　大さじ½の油でとうもろこしの両面を焼きつけ、酒大さじ½、しょうゆ大さじ1、粗びき黒こしょう少々を加えて、味をからめる。

みそバター蒸し（下）

1　とうもろこし½本は、1㎝厚さの半月切りにする。
2　バター20ｇでとうもろこしを炒め、全体になじんだら、酒大さじ1をふり入れ、フタをして1分ほど弱火で蒸し煮する。
3　みそ大さじ½を酒大さじ1で溶いたものを加え、とうもろこしにからめる。

なす

成分の90％以上が水という
みずみずしさを損なわないよう
上手にとじこめて

揚げびたし（上）

1 水80ccと酒大さじ1、めんつゆ大さじ½を火にかけて、ひと煮立ちさせる。
2 なす2個は8㎜厚さに切り、170℃の揚げ油で揚げる。
3 **2**を**1**にひたし、おろししょうが小さじ½を加える。

甘みそ炒め（下）

1 なす2個は7㎜厚さの板状に切る。みそ、酒、砂糖各大さじ1を合わせておく。
2 大さじ2の油でなすを炒め、なすがしんなりしてきたら、合わせ調味料を加える。なすにからめるように全体に炒め合わせる。

ひじき

ビタミン、ミネラルが豊富な
海藻類の中でも、カルシウムと
鉄分の含有量はピカイチ！

ツナのしょうが煮 (上)

1 ひじき5ｇは水につけて戻す。
2 水¼カップ、酒・みりん各大さじ1、しょうゆ大さじ½を煮立て、ひじきとしょうがのせん切り各大さじ1強、ツナ小1缶（80ｇ）を加えて煮る。
3 煮汁が少なくなってきたら、菜箸で炒め煮する。

洋風サラダ (下)

1 ひじき5ｇは水につけて戻し、さっとゆでておく。
2 にんじんのせん切り3㎝と、玉ねぎのせん切り⅕個を水にさらす。
3 レモン汁大さじ1、塩小さじ⅓、こしょうをよく混ぜ合わせ、油大さじ1を加える。水けをきった**1**と**2**を加えてよくあえる。

カラフル野菜

彩り豊かな野菜は
お弁当の色味と栄養バランスを
即座にひきたてる立役者

かんたんラタトゥイユ

1 なす1個と好みの色のピーマン計2個はひと口大の乱切り、ズッキーニ¼本は5㎜厚さに切る。
2 大さじ1½の油でにんにくのみじん切り小さじ1を炒め、香りが出てきたらなすを炒める。油が回ったら、ピーマンとズッキーニを加えてさらに炒める。
3 トマトの水煮缶⅔カップとミックスハーブまたはタイム（ドライ）小さじ1を加え、フタをする。沸騰したら10分ほど煮込み、塩、こしょうで味を調える。

即席ピクルス

1 カラーピーマン（赤、黄）各½個は2㎝大の乱切りにして、さっとゆでる。
2 玉ねぎドレッシング(132p参照または市販品）とはちみつ・フレンチマスタード各小さじ1、こしょうをよく混ぜ合わせる。
3 **1**の水けをしっかりときって、**2**に漬ける。

ミックスベジタブル

冷凍や缶詰の野菜は
シンプルな味つけより
しっかり調味がおすすめ

マヨドレサラダ

1. ミックスベジタブル100ｇは水けをきる。
2. マヨネーズ・粒マスタード・レモン汁各大さじ１とこしょうをよく混ぜ合わせる。
3. **1**と**2**をあえる。

中華風卵とじ

1. 鶏ガラスープ80ccと酒大さじ１を沸騰させて、長ねぎの小口切り20ｇとしょうゆ大さじ½、ミックスベジタブル100ｇを加えて、混ぜながら煮る。
2. ねぎがしんなりしたら、卵１個を割りほぐして回し入れ、フタをして30秒ほど加熱する。
3. ７分目まで火が通ったら火を止めて、そのまま１分ほど蒸らして中まで火を通す。

もっと簡単！ さらに美味しく!!
お助けソース❷

ミートソース

ミートソースは、材料をていねいに炒め、しっかりと煮詰めると
肉と野菜のうまみが溶けあってコクのある味わいに。
カレー粉を加えれば、ドライカレーとしても使えます。
保存状態が良ければ１か月は冷凍ＯＫ。
小分けして冷凍、使う分だけ解凍し、再冷凍はＮＧ！

★材料（4回分）

合びき肉……………………300ｇ
Ａ（赤ワイン¼カップ　こしょう小さじ⅕）
にんにくのみじん切り　大さじ１
玉ねぎのみじん切り　½個
セロリのみじん切り　⅓本
にんじんのみじん切り　¼本
トマトの水煮　½缶（200ｇ）
赤ワイン¼カップ　ローリエ1枚
ナツメグ小さじ¼　油　塩　こしょう

★作り方

1　ひき肉に**A**をもみこんでおく。
2　大さじ２の油でにんにくを炒め、香りが出たら、玉ねぎ、セロリ、にんじんを加えてよく炒める。
3　玉ねぎが透き通ってきたら、**1**の肉を加える。少し脂が出るようになるまで炒めて、余分な脂をキッチンペーパーでふきとる。
4　赤ワインを入れて煮立たせ、全体に混ぜ合わせる。トマトの水煮をつぶしながら加え、ローリエを入れる。沸騰したらアクをとり、ナツメグを加え混ぜる。
5　底が焦げないよう、時々へらでかき混ぜながら、弱火で半量になるまで煮詰め、塩小さじ½、こしょう少々で味を調える。

第三章

実はこれが一番迷う?

あと1品!のおかず40

あと少しボリュームが欲しいなら、味わいおかず
足りない栄養素をプラスしたいなら、お助けおかず
目的にあわせてストック&チョイス

味わいおかず

お好み茶きん3

ツナキャベの
コチュジャン風味

にら豆腐てりじょうゆ

トンれんそうの
めんつゆ煮

残りものの食材でも、油揚げにつめれば立派な一品になります
具をつめるときは6～7分目までにして
油揚げの口はつまようじでとめましょう

ツナキャベのコチュジャン風味

1 大さじ1の油で、キャベツのせん切り1枚とツナ80ｇを炒める。
2 コチュジャン小さじ2を酒大さじ1でのばしたものを加え、汁けがなくなるまで炒める。
3 油揚げ1枚を長さ半分に切り、**2**を半量ずつつめる。両面をこんがりと焼く。

にら豆腐てりじょうゆ

1 木綿豆腐¼丁は1㎝角、にら10本は2㎝長さに切る。
2 大さじ½の油で豆腐を炒める。焼き色がついたら、にらを炒めて酒大さじ1、しょうゆ大さじ1を加える。フタをして30秒ほど蒸し、汁けがなくなるまで炒める。
3 油揚げ1枚を半分に切り、**2**を半量ずつ詰める。両面をこんがりと焼く。

トンれんそうのめんつゆ煮

1 豚肉50ｇは2㎝幅に切り、酒大さじ½をふる。ほうれんそう4株はさっとゆでて2㎝長さに切る。豚肉とほうれんそうを混ぜ合わせ、しょうゆ少々をふっておく。
2 油揚げ1枚を長さ半分に切り、**1**を半量ずつ詰める。
3 だし汁1カップ、めんつゆ大さじ1、酒大さじ2を沸騰させ、**2**を入れて6～7分煮る。

味わいおかず

なんでも卵焼き5

卵1個あればOK！
意外な食材が卵の力でグッと美味しくなります
焼き上がったらキッチンペーパーで形を整えると
きれいにまとまります

もずくしょうが

1

卵1個は割りほぐし、酒大さじ½、おろししょうが小さじ½、塩を加えてよく混ぜ、もずく酢20gも加えて混ぜ合わせる。

2

大さじ1の油を温め、**1**の卵液を3回に分けて流し入れ、そのつど卵を軽くかき混ぜながら向こう側にまとめ、卵焼きを作る。

ほたてブロッコリー

1

卵1個は割りほぐし、牛乳大さじ1と塩、こしょうを加えてよく混ぜる。ほたて缶フレーク50gとゆでて粗くきざんだブロッコリー大さじ1を加えて混ぜ合わせる。

2

大さじ1の油を温め、**1**の卵液を流し入れ、軽くかき混ぜながら形を整えて、オムレツを作る。

きざみキムチ

1

卵1個は割りほぐして、酒大さじ½と白菜キムチのみじん切り20gを加え、よく混ぜ合わせる。

2

大さじ1の油を温め、**1**の卵液を3回に分けて流し入れ、そのつど卵を軽くかき混ぜながら向こう側にまとめ、卵焼きを作る。

残り野菜のピリ辛風

1

卵1個は割りほぐして牛乳大さじ1を混ぜる。コチュジャン小さじ1は、酒小さじ1で溶きのばす。

2

大さじ1の油で、残り野菜の粗みじん切り30g（写真ではピーマン、玉ねぎ、にんじん、きのこ使用）を炒め、**1**のコチュジャンを加えてよく混ぜ合わせる。

3

1の卵液を流し入れ、全体になじませながら、オムレツを作る。

ねぎ紅しょうが

1

卵1個は割りほぐし、酒大さじ½を混ぜる。長ねぎのみじん切り大さじ1と、紅しょうが大さじ⅔を加えてよく混ぜ合わせる。

2

大さじ1の油を温め、**1**の卵液を3回に分けて流し入れ、そのつど卵を軽くかき混ぜながら向こう側にまとめ、卵焼きを作る。

味わいおかず

かんたんレンジおかず3

クイックポテサラ

白菜ロール

ささみと野菜の
ごまマリネ

**忙しい時は「レンジでチン」が頼りになります
レンジは便利ですが、加熱ムラが出る場合も
まんべんなく火が通っているか、きちんと確認しましょう**

クイックポテサラ

1 じゃがいも1個（100～150ｇ）は皮つきのままラップに包み、レンジで加熱する（100ｇにつき1分が目安）。熱いうちに皮をむき、ひと口大に切る。ソーセージ2本は薄切りにしてレンジで20秒加熱する。
2 玉ねぎのみじん切り大さじ1強は、水にさらして水けをしぼる。きゅうりの小口切り½本は塩もみして、水けをしぼる。
3 酢大さじ1、塩小さじ⅕、玉ねぎをよく混ぜ合わせ、マヨネーズ大さじ1、じゃがいも、ソーセージ、きゅうり、こしょう少々を加えてよくあえる。

白菜ロール

1 白菜の葉小2枚（100ｇ）は縦半分に切り、レンジで40秒ほど加熱する。ハム2枚は半分に切る。
2 白菜の上にハムをのせ、豆板醤小さじ⅓と酒大さじ1を合わせたものを薄くぬり、端から巻く。
3 耐熱容器に2をのせ、酒大さじ1と塩少々をふり、ラップをかけて30秒ほど加熱する。

ささみと野菜のごまマリネ

1 ささみ3本は耐熱容器に入れ、塩、こしょう、酒大さじ1をふってラップをかける。レンジで1分、上下を返して20秒ほど加熱し、そぎ切りにする。
2 ピーマン½個は横にせん切り、長ねぎ⅕本は斜めにせん切り、水菜½株は2㎝長さに切る。
3 白すりごま、酢各大さじ1、しょうゆ小さじ⅔、塩小さじ⅓、油大さじ2を混ぜ合わせ、**1**と**2**をよく混ぜ合わせる。

味わいおかず

加工品に感謝おかず5

肉や魚の加工品や缶詰は、何もない時に
ササッと作れるから超便利！
ストックしておくと、重宝します

コンビーフの野菜炒め

1
大さじ１の油で玉ねぎの薄切り¼個を炒め、キャベツのざく切り150ｇを加えて、色鮮やかになるまで炒める。

2
コーンビーフ小１缶をほぐしながら加え、全体になじんだら、塩、こしょうで味を調える。

なつかしハムカツ

1
乾燥マッシュポテト10ｇは熱湯40ccで溶かし、おろし玉ねぎ大さじ½、酢小さじ１、マヨネーズ大さじ１、塩、こしょう各少々を加えてよく混ぜる。

2
1を、ハム４枚の間に等分にはさむ。

3
ころも（小麦粉、溶き卵、パン粉各適量）をつけて、170℃の揚げ油でカラリと揚げる。

ちくわのケチャップ炒め

1
ちくわ小2本は5㎜厚さの斜め切り、玉ねぎ½個は太めのせん切りにする。

2
大さじ½の油で玉ねぎをしんなりするまで炒め、ちくわを加える。

3
焼き色がついたら酒大さじ1を回しかけ、ケチャップ大さじ1としょうゆ小さじ1を加えて全体になじませる。

はんぺんグラタン

1
はんぺん¼枚は1㎝角、らっきょう漬け2個は薄切りする。

2
アルミケースに1を半量ずつ入れ、スライスチーズ½枚をちぎってちらし、塩、こしょう各少々をふって、オーブントースターでチーズが溶けるまで焼く。

さつま揚げのキムチ炒め

1
さつま揚げ100gは食べやすく切り、白菜キムチ10gはせん切りにする。

2
大さじ⅔の油でさつま揚げに焼き色をつけ、キムチを加えて炒める。酒大さじ1を回し入れ、水分を飛ばすように炒め合わせる。

味わいおかず

お助けソースおかず3

豆腐のミートソース煮

野菜の
ドレッシング炒め

トマトソースペンネ

あると便利なお助けソースを使えば
凝った味わいのおかずもすぐ完成！
市販品を使ってもOKです

豆腐のミートソース煮

1 木綿豆腐⅓丁は2㎝角に、ピーマン（赤・緑）各½個は横に薄切りにする。
2 大さじ½の油で玉ねぎのみじん切り¼個をしんなりするまで炒める。豆腐を加えて炒め合わせ、ピーマンを加える。
3 ミートソース70g（110p参照）を加えて少し煮詰め、塩、こしょうで味を調える。

野菜のドレッシング炒め

1 キャベツの葉1枚とピーマン1個はざく切りにする。
2 小さじ1の油で1の野菜を炒め、しんなりしてきたら玉ねぎドレッシング（132p参照）大さじ1½を回し入れ、全体に味をなじませる。

トマトソースペンネ

1 ペンネ30gは固めに塩ゆでする。エリンギ1本は半分に切り薄切りにする。
2 大さじ½の油でエリンギを炒め、ペンネを加える。トマトソース（72p参照）を加えて少し煮込み、味をなじませる。

お助けおかず

DHA補給おかず5

下ごしらえがめんどうな魚も
缶詰を使えば、すぐに１品完成です
ＤＨＡたっぷりの、青魚おかずがズラリ！

さばのマヨ焼き

1
さばの水煮缶50ｇは粗くほぐし、玉ねぎの薄切り少々、酒大さじ１、マヨネーズ大さじ½を加えてあえる。

2
アルミケースに**1**を半量ずつ詰め、ピーマンの薄切りとこしょう各少々をちらし、オーブントースターで焼き色をつける。

さんまの卵とじ

1
水½カップとめんつゆ小さじ１を沸騰させ、さんまのかば焼き缶40ｇと長ねぎの斜め薄切り少々を加える。

2
酒大さじ１½を入れ、溶き卵１個を全体に回し入れる。フタをして半熟状になったら火を止めて蒸らす。

かつおときゅうりのしょうがあえ

1
きゅうり½本は小口切りにし、塩をふってしんなりとさせ、水けをしぼる。

2
かつおのうま煮缶125gと、しょうがのせん切り1かけ、**1**のきゅうり、酢大さじ1でよくあえる。

さけのピリ辛焼き

1
さけ缶35gは粗くほぐし、酒とこしょう各少々をふる。ゆでたいんげん10本は2㎝長さの斜め切りにする。

2
豆板醤小さじ½を酒大さじ1で溶きのばし、マヨネーズ大さじ1であえて、**1**と混ぜ合わせる。

3
アルミケースに**2**を半量ずつ詰め、オーブントースターで焼き色をつける。

オイルサーディンのマリネ風

1
玉ねぎの薄切り、にんじんとセロリのせん切り各少々を混ぜ合わせ、酢大さじ3と塩、こしょうをふる。

2
オイルサーディン110gの油をきって、サーディンの身がくずれないよう、**1**の野菜とやさしくあえる。

味わいおかず

ミネラル補給おかず3

高野豆腐の
あけぼの煮

切り干し大根の
含め煮

きくらげとセロリの
炒め煮

**乾物は、生のものより成分がギュッと
凝縮されているミネラルの宝庫
保存もきくので、常時数種類ストックしておいて**

高野豆腐のあけぼの煮

1 高野豆腐１枚（16ｇ）は水で戻したら、きれいな水の中で押し洗いし、水けをしぼって８等分する。
2 だし汁１カップと酒大さじ２、おろしたにんじん80ｇを沸騰させ、うす口しょうゆ小さじ１、みりん小さじ２、高野豆腐を加え、落としぶたをして７～８分煮る。
3 塩で味を調え、水溶き片栗粉（片栗粉小さじ１、水大さじ１）を回し入れてとろみをつける。

切り干し大根の含め煮

1 切干大根20ｇは熱湯を回しかけて戻し、水けをきってざく切りする。
2 水１カップと酒大さじ２、切り干し大根と桜えび５ｇを沸騰させ、うす口しょうゆ大さじ½とみりん大さじ１を加えて７～8分弱火で煮含ませる。

きくらげとセロリの炒め煮

1 きくらげ５ｇは水で戻して、太めのせん切りにする。セロリ½本は３㎝長さ・５㎜幅の薄切りにする。
2 大さじ１の油でセロリを炒め、水けをきったきくらげを炒め合わせる。だし汁¼カップ、酒大さじ１、しょうゆ大さじ½を加え、ひと混ぜする。
3 沸騰したら弱火にして５分ほど煮る。

お助けおかず

食物繊維補給おかず5

からだの中をきれいにして、お通じも促してくれる
食物繊維を補給したいなら
すぐに作れてたっぷり食べられるきんぴらで！

セロリの塩こぶきんぴら

1
セロリ½本は1㎝幅の斜め薄切りに、葉はざく切りにする。

2
大さじ1の油でセロリを強火で炒め、酒大さじ1を回しかけ、塩こぶ10g、こしょう少々を加え、炒め合わせる。

にんじんのたらこきんぴら

1
にんじん¾本は半月型の薄切りにする。たらこ小1腹は薄皮を開いて中身を取り出し、酒大さじ1を混ぜ合わせる。

2
大さじ1の油でにんじんをしんなりするまで炒め、たらこを加える。菜箸でばらしながら炒め合わせて、塩少々で味を調える。

れんこんのごまきんぴら

1
れんこん大½節は薄切りにして酢水につける。

2
大さじ１の油で水けをきったれんこんをしんなりするまで炒め、酒大さじ１、うす口しょうゆ大さじ½、塩少々で味を調える。仕上げに白いりごま大さじ１をふる。

さつまいもの黒酢きんぴら

1
さつまいも小½本は４㎝長さのせん切りにして水にさらす。

2
大さじ１の油で、水けをしっかりきったさつまいもを、しんなりするまで炒める。酒大さじ１と黒酢小さじ１を回しかけ、炒め合わせる。

3
塩で味を調え、仕上げに黒いりごま小さじ２をふる。

ごぼうのピリ辛きんぴら

1
ごぼう¼本は４㎝長さのせん切りにして水にさらす。

2
大さじ１の油でごぼうをしんなりするまで炒め、酒大さじ１、うす口しょうゆ小さじ２を加えて炒め合わせる。

3
塩と七味唐辛子各少々で味を調える。

お助けおかず

カルシウム補給おかず3

ししゃもの焼きびたし

チーズのワンタン巻き

高野豆腐のミルク煮

日本人に一番足りていない栄養素は
カルシウムなんだそう
小魚や乳製品は、こまめにとるようにしましょう

ししゃもの焼きびたし

1 ししゃも４尾は素焼きして、半分に切る。
2 バットにだし汁・酢各大さじ２、しょうゆ大さじ½、白髪ねぎ適量を混ぜ合わせ、**1**のししゃもを漬ける。

チーズのワンタン巻き

1 プロセスチーズ２切れは、縦５等分に切る。長ねぎ８㎝は２等分し、芯をとって外側の部分を５㎜幅に切る。
2 ワンタンの皮10枚に、チーズと長ねぎを等分にのせて巻く。油を薄くひいて、皮に焼き色をつける。

高野豆腐のミルク煮

1 高野豆腐１枚（16ｇ）は水で戻したら、きれいな水の中で押し洗いし、水けをしぼって８等分する。
2 水½カップとコンソメ⅓個、戻したきくらげと玉ねぎの薄切り各少々を沸騰させ、数分煮る。
3 **1**の高野豆腐を入れてひと煮し、牛乳１カップを加えて５分ほど煮る。塩、こしょう各少々で味を調え、水溶き片栗粉（片栗粉小さじ１、水大さじ１）を回し入れて、とろみがつくまで煮る。

お助けおかず

ローカロリーおかず5

もう少し何か入れたいけれど、カロリーが心配
そんな時には、ここからチョイス
きのこやこんにゃくは、箸休めにもぴったりです

エリンギとしめじのわかめあえ

1

エリンギ2本としめじ½パックは食べやすく切り、塩蔵わかめ10gは水で戻し、ざく切りにして水けをきる。

2

耐熱容器に**1**をのせ、めんつゆ大さじ½と酒大さじ2を合わせたものを回しかける。ラップをしてレンジで1分加熱する。上下を返して、ラップなしで30秒加熱し、ひと混ぜする。

ピリ辛こんにゃく

1

こんにゃく½枚は半分の厚さにし、両面に細かく格子状の切り目を入れ、ひと口大に切り分けて下ゆでする。

2

大さじ1の油でこんにゃくを炒め、唐辛子の小口切り1本分を入れて炒め合わせる。酒大さじ½としょうゆ大さじ1で調味し、炒りつける。

えのきとしめじの粒マスタードあえ

1

えのきとしめじ各½パックは3㎝長さに切り、耐熱容器にのせる。酒大さじ1とうす口しょうゆ小さじ½をふり、ラップをかけてレンジで1分加熱、上下を返しさらに20秒ほど加熱する。

2

粒マスタード小さじ2を加えて、よく混ぜ合わせる。

しらたきのたらこ炒め

1

しらたき小1袋は食べやすく切って下ゆでをする。たらこ小一腹は薄皮を開いて中身を取り出し、酒大さじ1を混ぜ合わせる。

2

しらたきをから炒りし、たらこを加える。うす口しょうゆ小さじ2で味を調える。

干ししいたけとこんにゃくの甘酢煮

1

干ししいたけ2枚は水で戻し、戻し汁ごと火にかけてひと煮してから薄切りにする。こんにゃくは5㎜厚さの短冊状に切って、下ゆでをしておく。

2

こんにゃくをから炒りし、酢大さじ3、砂糖大さじ1、塩小さじ½を加える。干ししいたけも加え、煮含める。

もっと簡単！ さらに美味しく!!
お助けソース③

玉ねぎドレッシング

たくさんのドレッシングが市販されていますが
このシンプルなドレッシングがあれば、サラダはもちろん
ソテーや炒めもの、つけだれなどおかず作りにも使えます。
保存状態が良ければ、冷蔵で１か月くらいは持ちます。
冷凍保存はできません。

★材料（２カップ分）

玉ねぎのすりおろし……………………………½個分
酢またはレモン汁（半分ずつでも可）…½カップ
エキストラバージンオイル………………… １カップ
（だし汁とオイル½カップずつでも）
塩　こしょう（できればひきたて）

★作り方

1　おろし玉ねぎと酢(レモン汁)と塩小さじ１½、こしょう少々をよく混ぜ合わせる。
2　煮沸消毒したきれいなびんに**1**を入れ、上からバージンオイルをそそぎ、きれいな菜箸でよくかき混ぜる。

＊冷蔵室に２〜３日おくと、玉ねぎの味がよくなじんでくる。

第四章

作りおきおかず＋αで作りたて！

その場で仕上げる
ひと皿弁当5

1メニュー、1レシピですむひと皿弁当
かんたんだからこそ、ちょっとその場でひと工夫
フレッシュな美味しさを、ライブで楽しめます

その場ではさむ
サンドイッチ

具とパンを別々に持っていって、その場でサンド♪
衛生面でも安心だし、何より美味しい！
中にはさむ野菜だってシャキシャキです

材料（1人分）

✕作っておくもの

ハンバーグ1個
あいびき肉………………80ｇ
玉ねぎのみじん切り……大さじ2
パン粉、牛乳各大さじ1
油　塩　こしょう

卵スプレッド
かたゆで卵………………1個
ピクルスのみじん切り…大さじ1
マヨネーズ大さじ1
塩　こしょう

✕持っていくもの

好みのバンズ　2個
バター　少々
玉ねぎスライス　少々
トマトスライス　1枚
レタス　½枚
きゅうりの薄切り　4～5枚
プルーン　2個
マンゴー　¼個

作り方

前の晩までに

1
ハンバーグを作る。ボウルにひき肉を入れ、塩、こしょう、パン粉＋牛乳、さました炒め玉ねぎを順に加え、そのつど粘りが出るまでよく混ぜ合わせる。形を丸く整えて、小さじ1の油で両面に焼き色をつけ、中まで火が通るように焼く。

2
卵スプレッドを作る。ゆで卵は、白身は粗く刻み、黄身はフォークで粗くつぶす。マヨネーズ、ピクルス、塩、こしょうを加えてよく混ぜ合わせる。

朝に

3
バンズは8分目まで切り目を入れ、バターをぬって紙に包む。野菜類は、保存袋に入れる。プルーンはお湯で洗い、2つに切る。マンゴーは1㎝大に切り、レモン汁少々をかける。**1～3**をそれぞれの容器に入れ、ランチボックスに詰め合わせる。

Lunch Time!

バンズに、ハンバーグと野菜、卵スプレッドと野菜を、好みで組み合わせてはさんでいただく。

その場でかける
ドライカレー

さまざまな栄養素がギュッとつまったドライカレー
その場で好きなぶんだけ、かけながら召し上がれ
箸休めのおつけものやフルーツもお忘れなく！

材料（1人分）

✕作っておくもの

ドライカレー　100g

あいびき肉………………80g
玉ねぎの粗みじん………大さじ2
ピーマンの粗みじん……½個分
にんじんの粗みじん……大さじ1
エリンギの粗みじん……大さじ2
しょうがとにんにくのみじん切り
…………………………各小さじ1
赤ワイン、トマトケチャップ
　各大さじ1
カレー粉、白いりごま小さじ1
油　塩　こしょう

✕持っていくもの

ごはん　120g
パセリのみじん切り　少々
ゆで卵　1個
ピクルス　1本
らっきょう漬け　2個
キウイ　½個

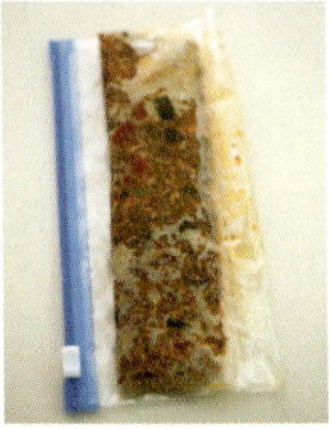

ドライカレーは110pのミートソースにカレー粉を加えるだけでもOK。分量の3～4倍を作り、小分けして密閉式保存袋に入れて冷凍しておくと、忙しい時に重宝する。持参時には、保冷剤のかわりにもなる。

作り方

前の晩までに

1
ドライカレーを作る。ひき肉に赤ワインを加えて混ぜ合わせる。玉ねぎとにんにくを大さじ2の油で炒め、ピーマン、にんじん、しょうが、ひき肉を加えてよく炒め、エリンギも加える。カレー粉、ケチャップを加えて少し煮詰めて水分をとばし、塩、こしょうで味を調え、白ごまを混ぜて火を止める。

2
さめたら、密閉式の保存袋に入れて冷凍する。

朝に

3
ゆで卵は縦半分に、ピクルスとキウイはひと口大に切る。弁当箱にごはんを詰め、パセリのみじん切りをふる。ゆで卵とピクルスをケースに入れて詰め、キウイは別の容器に入れる。ドライカレーを冷凍室から出し、一緒に包む。

Lunch Time!

ごはんに、自然解凍したドライカレーを少しずつかけながらいただく。卵をカレーと合わせても美味。

その場で混ぜる
ビビンバ

傷みやすい混ぜごはんも、こんなふうに別々に持参すれば安心！
色とりどりのナムルを混ぜると漂ういい香り……
ランチタイムが待ち遠しくなること、間違いなしです

材料（1人分）

✻作っておくもの

牛薄切り肉……………………30ｇ
ゆでほうれんそう（ざく切り）
………………………………20ｇ
ゆでひじき……………………15ｇ
ゆでもやし……………………20ｇ
ゆでにんじん(せん切り)…20ｇ
白菜キムチ……………………20ｇ
酒、しょうゆ、コチュジャン
　長ねぎのみじん切り各小さじ1
白いりごま適量
ごま油大さじ1½
塩　こしょう

✻持っていくもの

ごはん　120ｇ
白いりごま　少々
甘夏　3房
すいか　ひと口大2切れ

器の中でしっかり混ぜられるように、ごはんを詰めるのは器の6分めくらいまで。ナムルは好みのものを分量の3～4倍作っておけば、お弁当のつけ合わせとしてストックできる。

作り方

（前の晩までに）

1
牛肉をごま油½で炒めて、酒としょうゆをからめる。火を止めて、コチュジャンを加え混ぜる。

2
ナムルを作る。ほうれんそうとひじきは、それぞれごま油大さじ¼、長ねぎ小さじ½、ごま、塩を加えてよく混ぜ合わせる。にんじんともやしは、それぞれごま、塩、ごま油¼を加えてよく混ぜ合わせる。キムチは粗くきざみ、汁けをきる。

（朝に）

3
丼型の器にごはんを詰めてごまをふる。**1**、**2**をそれぞれケースに入れて弁当箱に詰める。くだものは、別の密閉容器に詰め合わせる。

Lunch Time!

ごはんに、牛肉とナムル、キムチを入れて、底から返すように混ぜてからいただく。

その場で混ぜるビビンバ

その場であえる
サラダランチ

サラダは、お弁当に入れるとシナッとなって美味しくない？
大丈夫！　温野菜ならフレッシュなままだし
美味しさもボリュームもバッチリです

材料（1人分）

✕作っておくもの

鶏ささみ……………2本
キャベツ……………½枚分
にんじん……………¼本
かぼちゃ……………2㎝角3個
いんげん……………2本
酒大さじ1　塩　こしょう

✕持っていくもの

ライ麦パンなど　2切れ
トマトのくし型切り　2個
玉ねぎドレッシング（132p参照または市販品）大さじ1強
マヨマスタード（マヨネーズ大さじ1　マスタード小さじ1）
オレンジ　½個

ドレッシング類は、別の容器を用意しておき、持参してその場であえる。専用容器として、いつもストックしておくと便利。

作り方

前の晩に

1

ささみは塩、こしょうをふって小鍋に入れて酒をふり、フタをして火にかける。沸騰したら弱火で1分ほど蒸し煮して中まで火を通す。さめるまでフタをしておく。

2

野菜をそれぞれ塩ゆでしておく。

朝に

3

密閉容器にキッチンペーパーを四つ折りにしたものを敷き（野菜から出た水分を吸収してくれる）、その上に食べやすく切った野菜とささみを盛りつける。ドレッシングとマヨマスタードはそれぞれ容器に詰める。オレンジはくし型に切って、別の密閉容器に詰める。

Lunch Time!

キッチンペーパーを取り出して、ドレッシングを回しかけていただく。食べ終わったらペーパーを中に戻してドレッシングをふき取ると、きれいに洗える。

その場でかぶりつく肉巻きおにぎり

**その場で仕上げるランチの番外編は、肉巻きおにぎり
ふつうのおにぎりは、前の晩には作りおきできないけれど
最近大人気のこのおにぎりなら、大丈夫！**

材料（1人分）

✳作っておくもの

ごはん……………………160ｇ
豚ロースしゃぶしゃぶ用
…………………………………4枚
味つけザーサイ……15ｇ
酒大さじ1　しょうゆ小さじ2
みりん大さじ½　油

✳持っていくもの

ゆでブロッコリー　2房
残り野菜の甘酢漬け
（157ｐ参照）20ｇ
うずら豆の煮豆
（151ｐ参照）20ｇ

2枚の肉で、おにぎりの全面を包むようにして巻いていく。しゃぶしゃぶ用のごく薄い厚さの肉がおすすめ。

作り方

前の晩に

1

温かいごはんに、刻んだザーサイを混ぜ合わせる。2等分して三角おにぎりを作る。豚肉2枚で、おにぎりを包むように巻く。

2

大さじ½の油を温めて肉巻きおにぎりを入れ、全面に焼き色がつくまでじっくりと焼く。余分な油をペーパーでふき取り、酒としょうゆとみりんを加えて煮たてながら、おにぎりを転がして味をからませる。

朝に

3

肉巻きおにぎりはオーブンシートなどで包む。弁当箱に、ブロッコリー、漬けもの、煮豆をそれぞれケースに詰める。

Lunch Time!

シートに包んだ状態でおにぎりをいただく。おにぎりの味がしっかりとついているので、つけあわせはゆで野菜や漬けものなどあっさりした味つけのものを選んで。

もっと簡単！ さらに美味しく!!

お助けソース④

ハーブオイル

フレッシュハーブが手に入ったら、ぜひ作ってほしいのがこちら。鮮やかな緑と豊かな香りで食材を美味しくひきたててくれます。サラダやパスタソースだけでなく、肉や魚のソースにもぴったり。冷蔵で１か月、冷凍なら保存状態が良ければ３か月以上は持ちます。ただし、一度解凍したら再冷凍はＮＧ！

★材料（作りやすい分量）

バジルの葉……………………100ｇ
イタリアンパセリ……………100ｇ
（以下のハーブがあれば、イタリアンパセリを
　30ｇにして、好みで10～20ｇずつ入れて、
　計100ｇにしても可）
　ミント、オレガノ、セージ
　レモンバーム、タイム、ローズマリーなど
にんにく１かけ　塩
エキストラバージンオイル　１カップ

★作り方

1　ハーブはよく洗って水けをきる。乾いたふきんかキッチンペーパーに広げて水けを完全に取る（残っているとカビの原因になる）。
2　ハーブの葉だけをつみ、好みのハーブを合わせて全体の量が200ｇになるようにする。フードカッターに入れて粗みじん切りにする。
3　煮沸消毒したきれいなびんに**2**を入れ、上からバージンオイルをそそぐ。塩小さじ１を加え、きれいな菜箸でよくかき混ぜる。
4　根元と芽をとり除いたにんにくを入れて混ぜ、フタをしっかりとしめる。

＊にんにくはハーブと一緒にカッターにかけても可
＊ハーブは、好みで手でちぎったくらいでもペースト状にしてもＯＫ

第五章

お弁当の、もうひとつの主役

ごはん応援団37

キュッとにぎっただけで、美味しいおにぎり
これさえあれば……のごはんの友
ごはんを応援する、〝ちょこっと〟がズラリ

おべんとおにぎりのマイスターになる！

塩をまぶして、キュキュッとにぎるだけ
なのに、どうしてこんなに美味しくなるんでしょ？
ただし、外に持って出て
時間がたってから食べるおべんとおにぎりは
美味しさと同時に、衛生対策にも気を配りたいもの
おべんとおにぎりについて、考えてみましょう

ごはんの水加減、塩加減

おにぎりの時は、ふつうより水を控えめにして炊くほうがにぎりやすく、食べやすい硬さになります。目安はお米の１割増しくらい(通常は２割増し)。

塩は粒子の細かいものよりも、粗塩のほうがおすすめ。分量は小さめのおにぎり(80ｇ)で指２本分（１ｇ）くらい。おべんとおにぎりの場合は、すぐに食べるおにぎりよりも幾分濃いめにまぶすのがコツで、時間がたつと塩がごはんになじんで、ちょうどいい塩加減になります。

手でにぎる？ラップでにぎる？

どちらが美味しいかと言えば、ダンゼン手で！のほうに軍配があがりますが、おべんとおにぎりの場合は、手にラップを広げてごはんをのせてにぎったほうが安心です。とくに、蒸し暑い時期はラップおにぎりがおすすめ。その場合も、そのままそのラップで持っていかず、必ず一度ラップを開いてさまし、新しいラップに包んで持っていくこと。

手でにぎる場合は、手に水でなくて酢をつけ、塩を手のひら全面にしゃりしゃりとまぶしてからごはんをのせるといいでしょう。

具を入れる？具を混ぜる？

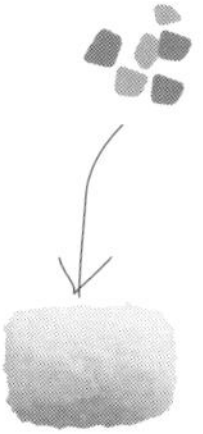

何も入れない塩むすびもシンプルで美味しいですが、おにぎりの中からのぞく具も、おべんとおにぎりのお楽しみ。混ぜおにぎりは具と一体化したごはんの美味しさが魅力です。おかずを数種類用意してある時は、おかずをひきたてる白米も味わえる塩むすびか具入りおにぎり、おかずが少ない時は混ぜおにぎりが、それぞれおすすめです。

ごはんの友
ミニッツレシピ

おかずが何もなくても、常備菜さえあれば！
箸休めが欲しい時も、すぐに作れる！
そんな、「ごはんの友」が勢揃い
日持ちのするストック常備菜
（おむすびの具、ふりかけ、つくだ煮など）から
加熱いらずのあえもの（即席漬け、あえもの）まで
加熱時間別にご紹介します

オーバー3ミニッツの友

**加熱時間３分以上のもの。しっかり火を通すので常備菜向き。
１週間以上保存OKです（冷蔵密閉保存で未使用の場合）。**

のりのつくだ煮

1 のり４枚は軽くあぶって香りを出し、手で１～２㎝大にちぎる。
2 めんつゆを、つけつゆの割合で½カップ作り、火にかける。
3 煮立ったら、1ののりを加え、汁けがほぼなくなるまで煮詰める。

ゆずみそ

1 西京みそ100ｇに、みりん１カップを少しずつ加えて溶きのばす。
2 1を火にかけて、木べらで底をこするように、そっとかき混ぜながら煮る。
3 みそ本来の固さに近くなるまで煮詰め、仕上げにゆずの皮のすりおろし１個分を加えて混ぜる。

over 3 minutes

なめたけ

1 えのき1袋は2㎝長さにきざむ。
2 酒大さじ2、しょうゆ大さじ1、みりん大さじ1を煮立て、えのきを炒りつけるように煮る。汁けがなくなったらできあがり。

牛肉のしぐれ煮

1 牛肉150gはせん切りにして酒大さじ1をもみこんでおく。
2 大さじ½の油で牛肉を炒め、酒・砂糖各大さじ1、しょうゆ大さじ4、みりん大さじ3を加えてひと混ぜする。
3 煮汁がなくなるまで煮る。

豚みそ風

1 しょうがとにんにくのみじん切り各2かけ分を、弱火でじっくりと炒める。
2 豚赤身ひき肉300gを加えて、ポロポロになるまでしっかりと炒める。
3 酒をひたひたに入れて煮立て、みそ大さじ4を加えて全体によくなじませ、煮汁がなくなるまで煮詰める。

実山椒のつくだ煮

1　青山椒は枝から外し（正味50ｇ）、たっぷりの湯で下ゆでして水けをきる。

2　**1**の山椒に、酒大さじ４、みりん大さじ１、しょうゆ大さじ２を加えて、煮汁がほぼなくなるまで煮詰める。

ちりめん山椒

1　青山椒30ｇは下ゆでをしておく。

2　酒¼カップ、しょうゆ大さじ１、みりん大さじ½を煮立て、青山椒とちりめんじゃこ50ｇを加える。

3　汁けがなくなるまで煮詰める。

うずら豆の甘煮

1　うずら豆150ｇは、たっぷりの水につけてひと晩おく。

2　翌日、**1**をそのまま沸騰させて一度煮汁を捨ててアクをのぞき、新しい水をたっぷり入れて煮る。

3　沸騰したら火を弱め、豆が踊らないように静かに40～50分、豆の様子を見ながらやわらかくなるまで煮る。

4　**3**の煮汁をひたひたになるまで減らし、砂糖150ｇを２回に分けて加える。一度半量を入れたらそっと混ぜ合わせ、15分ほど煮る。残りの砂糖を加えて、さらに15分ほど煮る。仕上げに塩少々を入れる。

金時豆の赤ワイン煮

1　金時豆150ｇは、たっぷりの水につけてひと晩おく。
2　翌日、1をそのまま沸騰させて一度煮汁を捨ててアクをのぞく。
3　2の豆に赤ワイン１カップを加え、豆がかぶるくらいまで水をたして火にかける。沸騰したら火を弱め､40～50分、豆がやわらかくなるまで煮る。
4　砂糖を100～150ｇ、甘さを見ながら２回に分けて加える。一度半量を入れたらそっと混ぜ合わせ、15分ほど煮る。残りの砂糖を加えて、さらに15分ほど煮る。

over 3 minutes

アンダー3ミニッツの友

加熱時間３分以下のすぐできおかず。歯ごたえ良く美味しく食べたいなら、冷蔵保存でも３〜４日が目安です。

青菜のじゃこ炒め

1 大根の葉や青菜１束分は、さっとゆでてざく切りにする。
2 にんにくの薄切り４かけ分を炒め、香りが出てきたら**1**の青菜を加えてさらに炒める。
3 ちりめんじゃこ½カップを加えて、酒大さじ２、みりん大さじ１、しょうゆ小さじ１で味を調え、ひと煮する。

ししとうのおかか煮

1 ししとうは３等分の斜め薄切りにし、油少々で炒める。
2 しょうゆとみりん少々で味を調え、削り節を多めに加えて仕上げる。

おべんとごま塩

1　黒ごま大さじ２と粗塩小さじ１をきれいなフライパンに入れて煎る。
2　ごまのまわりに塩がくっついて、さらさらと白っぽくなったら火を止める。

天かすごま

1　酒大さじ２、砂糖大さじ１、しょうがのみじん切り少々を沸騰させる。
2　天かす大さじ２、いり白ごま小さじ１を加え混ぜ、しょうゆ大さじ１を加えて煮詰める。
3　仕上げに削り節大さじ２をまぶす。

パセリベーコンガーリック

1　パセリ３枚はよく洗って水けをきり、キッチンペーパーでふく。軸を除き、みじん切りにする。ベーコン２枚は、３㎜幅に切る。
2　ベーコンとにんにくのみじん切りひとかけを油少々で炒め、にんにくがきつね色になったら、余分な脂をペーパーで吸い取る。
3　パセリのみじん切りを加えて、よく混ぜ合わせる。

たらのさっぱりそぼろ

1 生たらの切り身1切れはゆでて、骨と皮を取り除く。固くしぼったふきんにとり、中でよくもんで魚の繊維をバラバラにする。
2 きれいな鍋に、たらのほぐし身、酒大さじ2、砂糖大さじ1、塩少々を加えてよく混ぜ合わせて火にかける。
3 水分がなくなるまで、よく炒める。

ツナの甘辛そぼろ

1 酒大さじ2、みりん大さじ1、しょうゆ小さじ1をよく混ぜ合わせて火にかける。
2 ツナ小1缶の汁けをきって加え、菜箸4～5本でツナをほぐしながら炒める。
3 焦げそうになったら火からおろし、汁けがなくなるまで炒める。

ごま高菜明太

1 明太子ひと腹は、薄皮を開いて中身を取り出し、酒大さじ1と混ぜ合わせる。
2 大さじ½の油で高菜漬50gを炒める。油が回ったら、**1**の明太子を加えて、菜箸でほぐしながら炒める。
3 白いりごま大さじ1を加えて、全体に炒め合わせる。

焼きざけフレーク

1　焼きざけ２切れは、骨と皮をとり除き、粗くほぐす。
2　ごま油大さじ１でさけを炒め、酒大さじ１をふってさらに炒める。
3　仕上げに、白すりごまをたっぷりとふって、炒め合わせる。

干物ふりかけ

1　あじなどの干物は、焼いて骨と皮をとり除き、粗くほぐす。
2　フライパンに入れて、酒少々をふってから炒りする。
3　水分が蒸発したら、青のりを適量ふりまぶす。

炒めソーセージ

1　ソーセージは５㎜厚さの輪切りにする。
2　油少々でこんがりと焼き目がつくまでしっかりと炒める。
3　酒、しょうゆ各少々を加えて、味をからめる。

たくあんのごま炒め

1　たくあん適量は薄切りにしてからせん切りにする。
2　油少々で炒め、酒少々をふって水分を飛ばす。
3　仕上げに、いり白ごま少々をふって混ぜ合わせる。

長ねぎの洋風焼きびたし

1　長ねぎは4㎝長さに切り、焼き網かフライパンでこんがりと焼き色がつくまで焼く。
2　玉ねぎドレッシング（132p）にマスタード、しょうゆ各少々を入れて混ぜ合わせる。
3　**1**の長ねぎが熱いうちに、**2**にひたす。

残り野菜の甘酢漬け

1　残った野菜（赤ピーマン、にんじん、大根、かぶなどなんでも）はひと口大に切る。
2　湯½カップと酢¼カップを沸かし、砂糖大さじ1、塩小さじ1、こしょう少々を加えてひと煮する。
3　熱いうちに**1**の野菜に回しかけて、さめるまでおく。

ゼロミニッツの友

**加熱時間ゼロ、火いらずだから気軽に作れるものばかり。
ただし、鮮度が勝負なものも多いので
漬けもの以外は１～２日で食べきって。**

切り干し大根のりんごジュース漬け

密閉容器に、切り干し大根1袋（70ｇ）とりんごジュース（100％）１カップ、りんご酢を⅓カップを入れて、ひと晩おく。

チーズおかか

プロセスチーズ適量は角切りにして、削り節としょうゆ各少々であえる。

クリームチーズの塩こぶあえ

クリームチーズ適量は室温に戻してねり、塩こぶとアーモンドスライスやきざんだくるみ各少々を加えてあえる。

にんじんと玉ねぎのレーズンあえ

にんじん１本と玉ねぎ½個はせん切りにし、お湯で少しもどしたレーズン適量と好みのドレッシングであえる。

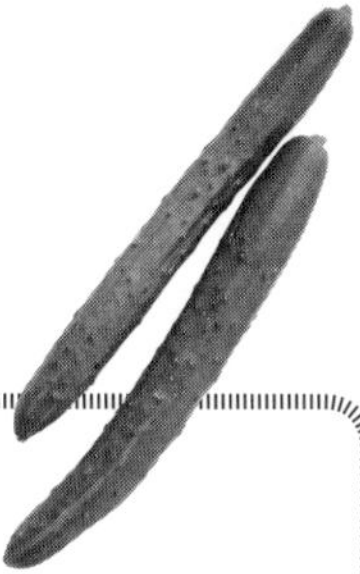

きゅうりのからしあえ

きゅうりは縦半分に切り、めん棒などでたたいて割り、2～3㎝長さに切る。しょうゆとからし各少々を混ぜ合わせ、きゅうりとあえる。

梅ののりあえ

たたき梅は、酒少々でのばし、レンジでさっと加熱し、刻みのりとあえる。

マヨキムチ

刻んだキムチとマヨネーズを１対１の割合（辛いのが好きな人はキムチの割合を増やす）であえ、好みで白すりごまを混ぜる。

きゅうりのもみ漬け

きゅうりはやや厚めの小口切りにして、ビニール袋に入れる。しょうがのせん切り、塩、酢各適量を加えた中でよくもむ。

ミックスビーンズのアンチョビ漬け

ミックスビーンズ（冷凍または缶詰）80ｇはざるにあけて熱湯を回しかけ、水けをきる。おろし玉ねぎ大さじ１とアンチョビみじん切り２枚、酢大さじ２、油大さじ１½、こしょう少々を加えて混ぜ合わせる。

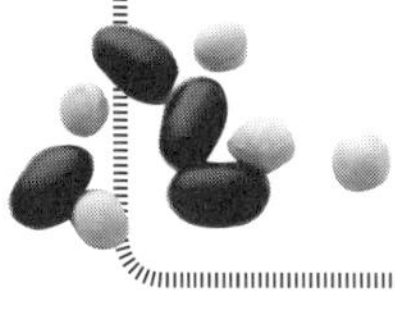

マッシュポテトのゆずこしょうあえ

乾燥マッシュポテトを熱湯で戻し、ゆずこしょう少々とマヨネーズ適量を加えて混ぜ合わせる。

玉ねぎの酢漬け

玉ねぎはせん切りにして容器に入れ、酢、砂糖、塩各少々をひたひたに注ぐ。ひと晩おいてからが食べ頃。

キャベツのじゃこポンあえ

キャベツはザク切りにし、密閉式の保存袋に入れて、ちりめんじゃこ、ポン酢しょうゆ各適量を入れて数回もむ。ひと晩おいてからが食べ頃。

大根の塩こぶ漬け

大根は太めのせん切りにする。密閉式の保存袋に入れて塩こぶと酒を少々を入れて軽くもむ。ひと晩おいてからが食べ頃。

かわりみそ漬け

みそ４に対し、みりんと酒各１の割合で溶きのばし、うずらの卵黄、豆腐、ミニトマトなどを漬ける。３日以上おいてからが食べ頃。

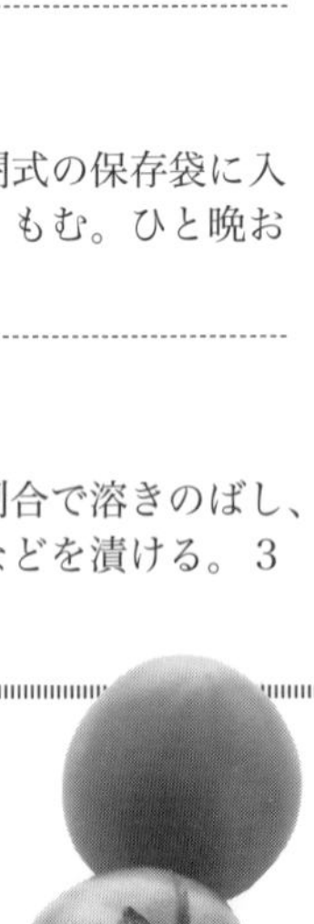

第六章

味わい別＆目的別

実践！お弁当カタログ

自分で作って、自分で食べる
特別なワザや飾りは必要ないからこそ
色や味わい、栄養やボリュームで選びます

多品目バランス弁当 ❶ 和風

Menu

1 **あじのセサミフライ**
→メインおかず46p

2 **赤ピーマンのからしあえ**
→サブおかず96p

3 **もずくしょうがの卵焼き**
→もう1品の味わいおかず114p

4 **ごぼうのピリ辛きんぴら**
→もう1品のお助けおかず127p

5 **かぶの甘酢漬け**
→アンダー３ミニッツ157p

玄米ごはんとともに

Point

基本は、彩りと味わいにメリハリをつけること。赤、黄、黒、茶、白……いろいろな色を詰めることで、見た目が良くなるだけでなく、栄養バランスも自然に良くなります。また、違う味わいのものを組み合わせるのもコツ。甘辛酸苦鹹という五味（味つけだけでなく、食材のもつ味わいも含みます）が入るのが理想ですが、このうちの３種類くらいが入るようにするといいでしょう（このお弁当はオールクリア！）。和風弁当は、鹹（しょっぱい）のしょうゆ味が多くなりがちなので、気をつけて。

2
4
1
5
3

1
2
3
4

多品目バランス弁当❷ 洋風

Menu

1 クイックストロガノフ
→メインおかず36p

2 ブロッコリーの茎とベーコンのペペロンチーノ
→サブおかず74p

3 さつまいものレモンバター煮
→サブおかず104p

4 カラフル野菜の即席ピクルス
→サブおかず108p

ごはんをふんわり詰めて

Point

コクのある味つけのものが多い洋風は、油分・カロリー過多にならないよう気をつけて。メインがこってりならサブはあっさり、といった味のバランスにも気を配りましょう。お弁当は、ごはんもおかずもすき間なく詰めるのが基本ですが、カップに小分けして入れると、入れる量を控えられるだけでなく、おかずの味が混ざるのも防げます。甘いものを一品入れておくと、ホッとできるのでおすすめ。

多品目バランス弁当③——エスニック風

Menu

1 鶏とカラフル野菜のナンプラー蒸し
→メインおかず18p

2 ピリ辛かに玉
→メインおかず67ｐ

3 もやしのカレー煮
→サブおかず93ｐ

4 ピーマンののりキムチあえ
→サブおかず83ｐ

ごはんに、黒ごまを添えて

Point

お弁当は、薄味のものは傷みやすいので、味つけを濃いめにしたほうがベターですし、ごはんもすすみます。ただ、そうしたものばかりを詰め合わせると、どうしても塩分が多くなります。とくに、スパイシーな味つけで味の強いものが多いエスニック風は、野菜をたっぷり食べられるメニューを選び、箸休めになるあえものなどを加えましょう。

3
4
1
2

2種類でも大丈夫弁当❶

たくさんの種類を入れなくても、栄養バランス、味わいともにＯＫのお弁当。
まずは、たんぱく質豊富なメインおかずと、ビタミン豊富なサブおかずから1品ずつチョイスします。
メインおかずは野菜と一緒に調理したものから、サブおかずは緑黄色野菜から選ぶのがコツ。
あとは、ごまやのり、じゃこなど、ミネラル分の多いふりかけをごはんにかけて完成！

Menu

1 豚の野菜巻きのソースソテー

→メインおかず29ｐ

2 ほうれんそうのおべんとごまあえ

→サブおかず75ｐ

ごはんに、ちりめん山椒（151ｐ）**を添えて**

2種類でも大丈夫弁当❷

Menu

1 **牛とフレッシュトマトのさっと煮**
→メインおかず37ｐ

2 **かぼちゃのレーズンサラダ**
→サブおかず103ｐ

ごはんに、青のりを添えて

ローカロリーヘルシー弁当

Menu

1 **さけのポン酢蒸し**
→メインおかず52ｐ

2 **ひじきとツナのしょうが煮**
→サブおかず107ｐ

3 **かぼちゃのオレンジジュース煮**
→サブおかず103ｐ

雑穀ごはんとともに

Point

カロリーの気になる人におすすめの、高たんぱく低カロリー弁当。食物繊維もたっぷりです。煮ものやレンジ蒸しで、油分をカットしながらも、栄養バランスと食べごたえは◎。ごはんは、ビタミンやミネラルが豊富な雑穀米にしました。雑穀は、ミックスを使うだけ、ごはんに入れるだけ、ではなく、雑穀それぞれの特徴をいかして、おかず作りにも利用してほしい食材です。ちなみに、雑穀の中でカロリーが一番低いのは、きび。丸く黄色い粒で、鉄分や亜鉛、ビタミンＥが豊富なうえ、脂肪燃焼を助けるナイアシンを含んでいます。

1
3
2

1
2
3

ローカロリー美肌弁当

Menu

1 手羽中と干ししいたけの煮もの
→メインおかず22ｐ

2 ミニトマトのじゃこマリネ
→サブおかず94ｐ

3 きくらげとセロリの炒め煮
→サブおかず125ｐ

雑穀ごはんに、黒ごまを添えて

Point

手羽には、肌の弾力を保つコラーゲンがたっぷり。他にも、抗酸化作用が高く、新陳代謝を促すトマトやきくらげなどをチョイスしました。ところで、カロリーを気にするあまり、油をできるだけ摂らないようにしていませんか？　実は美肌作りには、良質で適量の油分補給が欠かせません。この本で、オリーブオイルを基本の油として使っているのも、オリーブオイルが他の油とくらべて、ビタミンやポリフェノールが豊富なうえ、酸化にしくい油のため。お弁当のおかず作りには、洋食だけでなく、あらゆる料理に使うことをおすすめします。

腹持ちしっかりガッツリ弁当

Menu

1 ピリ辛チキンカツ
→メインおかず15p

2 アスパラのキッシュ風
→サブおかず76 p

3 じゃがいものミルク煮
→サブおかず85 p

4 大人のコールスロー
→サブおかず88 p

5 にんじんの
せん切りナッツあえ
→サブおかず97 p

玄米ごはんに
実山椒のつくだ煮（151 p）を添えて

Point

からだをよく動かす仕事の人や、残業しそうな日などにおすすめのお弁当。揚げものは、やはり腹持ちが違います。とはいえ、揚げものの食べすぎは胃もたれのモト。サブおかずでビタミンとミネラルをたっぷり補給して、長時間のハードワークを乗り切りましょう！

1
2
3
4
5

おにぎり弁当

Menu

1 **おにぎり（さけ、高菜、たらこ）**
→おにぎりマイスターになる！ 147p

2 **キムチ入りシューマイ**
→メインおかず40ｐ

3 **スナップえんどうのおかか炒め**
→サブおかず82ｐ

4 **きのこの焼きびたし**
→サブおかず98ｐ

5 **ピリ辛こんにゃく**
→もう1品のお助けおかず130ｐ

Point

外で食べる時や、あまり時間のない時などは、ごはんはおにぎりにして、おかずもつまみやすいものを何品か詰めていくと便利です。おにぎりにすると、どうしてもごはんの摂取量が増えるので、おかずはヘルシー系に。

第七章

お弁当がもっと美味しくなる

アイデア便利帳

せっかく作ったおかずを
お昼に安心して食べるための
アイデアがたっぷり

お弁当を安心して持っていき、美味しく食べるために

保存と持参の安心アイデア6

1 保存する時、熱いものは必ずさまます

保存する時は、必ずさましてから容器に入れること。熱い状態でフタをしてしまうと、中でむれてしまってかえって傷みやすくなります。作りたてのおかずは、一度バットに入れて広げておくと、あっという間にさめるのでおすすめです。

2 弁当箱に詰める前にも、再加熱

冷蔵庫から出して詰める前に、いったん電子レンジ等で温めてから入れると安心ですが、この時、中途半端な温めかただと、かえって雑菌が繁殖することもあります。温める時はしっかりと温め、よくさましてから弁当箱へ。冷凍ごはんを温めて入れる時も同様です。

3 揚げものは、油をよくきって

揚げものを美味しく保存するコツは、いかに油をきるかです。揚げたての油を念入りにきるのはもちろんですが、さらに容器にもひと工夫。底にキッチンペーパーを敷いてから揚げものを入れておくと、時間がたってもベタッとなりません。

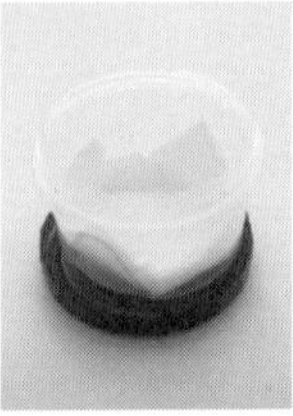

4

漬け汁＆マリネ保存で、やわらかさキープ

漬け汁にひたしたり、油で食材をコーティングしてマリネしておくと、時間がたってもパサついたり固くなったりしにくいので、作りおきおかずにおすすめの保存方法です。味もしっかりしみるから、作った時はちょっと薄いかな？くらいでちょうどいい感じ。この場合も、保存をする前にちゃんとさましておきましょう。

5

弁当箱に詰める前には、汁けをきって

保存時には美味しさの味方になる「汁け」も、詰める時には、しっかりとカットする必要が。雑菌は「汁け」や「水分」から繁殖しますし、煮ものやあえものの場合、水分が出ると美味しさも半減です。詰める前にキッチンペーパーや茶こしなどで汁けをとりましょう。

6

アルコールスプレーと保冷剤を賢く利用して

暑い季節の食中毒対策には、いつもにも増して注意が必要です。１～５の他、おかずを詰める前に、手と弁当箱を消毒用のアルコールスプレーで殺菌する、弁当箱を保冷剤ではさんで持参するなどの「念のため」も忘れずに。食べる前のにおいや食べた時に「ん？」と思ったら、食べない用心も必要です。

知っているかどうかで、できばえも味も大きく違う

食材別 下ごしらえと調理のアイデア6

1 鶏肉
(むね、もも、ささみ、手羽)

下ごしらえ

流水でさっと洗って水けをふき、余分な脂（黄色っぽい部分）を切り取っておく。厚みのあるところはそぎ切りにする。酒をふってもみこんでおくと、うまみが増す。

調理＆味つけのポイント

比較的淡白でパサつきがちなむね肉やささみは、パンチのある調味料を足すことで、さめても美味しい仕上がりに。コクのあるもも肉や、コラーゲンたっぷりの手羽肉は、さめてもやわらかいので、ソテーや揚げものだけでなく、煮ものや蒸しものにしてもおすすめ。

2 豚肉
(切り落とし、ばら、もも、肩ロース、カレー用)

下ごしらえ

さめると脂が固まって食感が悪くなったり、脂くさくなってしまうので、脂身が多い場合は切り取っておく。酒、塩、こしょうをふってもみこんでおくと、うまみが増す。

調理＆味つけのポイント

脂身の多い部位は、ゆでる、粉をはたく、丸めて揚げる、煮汁に漬ける等で、さめても風味が落ちにくくなる。パサつきがちな脂身の少ない肉は、水分の多い野菜と一緒に調理するようにすること。蒸す、煮込むなどの場合は、固くなりやすいので、カレー用の肉程度の大きさがおすすめ。

3 牛肉
(切り落とし、もも、カレー用)

下ごしらえ

牛肉は鉄分が多いぶん、独特のにおいがあるので、塩、こしょうの他、酒よりも赤ワインをふってもみこんでおく。クセがやわらぎ、風味が増すのでおすすめ。

調理&味つけのポイント

美味しく食べるには、調理時に出るアクをしっかりと取ること。牛肉は部位にかかわらずアクが多い肉なので、こまめにとってから調味すると、さめてからもえぐみのない味わいが楽しめる。牛肉の場合でも、お弁当おかずはしっかりと火を通して。

4 ひき肉
(鶏、豚、あいびき、牛)

下ごしらえ

ひき肉は傷みやすいので、必ず購入した日に作ること。冷凍保存する時も、そのままではなく、そぼろなどにしてから冷凍を。甘辛味、トマト味、カレー味など味わい別に作っておくと便利。

調理&味つけのポイント

丸め固める時は、粘りが出るまでしっかりとねり混ぜること。調味料も、一度に入れずに、1つずつ加えてそのつどねり混ぜると、味がしっかりとなじみ、まとめやすくなる。反対に、そぼろを作る時は、酒を多めに加えて軽く混ぜてから炒めると、パラパラに仕上げることができる。

5 魚

(切り身魚、冷凍魚)

下ごしらえ

買ってきた魚は、流水でやさしく洗って水けをふきとり、酒や塩をふってしばらくおいておくと、魚のくさみがとれて、調理の際の味しみも良くなる。魚によっては小骨がついているものもあるので、取り除いておくこと。

調理＆味つけのポイント

加熱しすぎて身が固くならないよう注意。さめると魚くささが出やすいので、シンプルな味つけよりも、マヨネーズやカレー粉、ゆずこしょうなど、味のしっかりした個性のある調味料で味つけしたり、ころもに加えると、美味しくいただける。

6 野菜

(緑、白、赤、黄、茶、黒、カラフル)

下ごしらえ

流水で洗い、よく水けをふくこと。ゆでたあとの水きりもしっかりと。根菜類は、切ったあとに水に１分ほどつけるだけで、アクやえぐみがやわらぐ。

調理＆味つけのポイント

野菜類は、時間がたって水分が出てくると、口当たりも味もダウン。油でコーティングする、しっかりした味の調味料であえる、削り節やすりごまでまぶす、とろみをつけるなどで、野菜の水分を中にとじこめておくのがコツ。ただし、保存する時は漬け汁や煮汁などと一緒に＆詰める時は汁けをきるという、保存＆持参のルールを忘れずに！

<< 調理法別さくいん

焼く、炒める／炒め煮、煮る、揚げる、
漬ける／マリネする、レンジ蒸し／フライパン蒸し／蒸し、
オーブントースター／オーブン、あえる
の８つの調理法で分類しています。
原則として、調理の最終工程で分類しています。

焼く

鶏のチーズコク照り …… 14
鶏のねぎ塩だれのソテー …… 17
ささみのねぎ巻きコチュジャンソテー …… 21
豚ののりチーズロール …… 28
豚の野菜巻きのソースソテー …… 29
豚ひきのしょうがみその磯辺巻き …… 41
牛ひきの韓国風松葉焼き …… 45
かじきのポテサラソテー …… 49
かじきのイタリアンムニエル …… 50
さけのハーブソテー …… 54
ぶりのピリ辛ソテー …… 65
ミートオムレツ …… 66
ピリ辛かに玉 …… 67
油揚げのロールソテー …… 71
アスパラのベーコン巻きソテー …… 76
ながいものお好み焼き風 …… 91
もやしのチヂミ風 …… 93
かぼちゃのカリカリソテー …… 102
ざくざくコーンの黒こしょう焼き …… 105
ツナキャベのコチュジャン風味茶きん …… 113
にら豆腐のてりじょうゆ茶きん …… 113
もずくしょうがの卵焼き …… 114
ほたてブロッコリーのオムレツ …… 114
きざみキムチの卵焼き …… 115
残り野菜のピリ辛風オムレツ …… 115
ねぎ紅しょうがの卵焼き …… 115
チーズのワンタン巻き …… 129
ハンバーグ …… 135
肉巻きおにぎり …… 143

炒める／炒め煮

豚のザーサイ炒め …… 25
豚の中華風のさっとうま煮 …… 32
豚とりんごとプラムのクリーム煮 …… 33
牛とセロリの塩だれ炒め …… 35
クイックストロガノフ …… 36
牛とフレッシュトマトのさっと煮 …… 37
鶏ごぼうそぼろ …… 38
えびのスパイシーチリ …… 48
おべんとマーボー …… 70
ブロッコリーの茎とベーコンのペペロンチーノ …… 74
いんげんとツナのパン粉炒め …… 77
いんげんとじゃこザーサイのきんぴら …… 77
おくらの塩炒め …… 79
きゅうりのしょうが炒め …… 80
小松菜の桜えび炒め …… 81
スナップえんどうのおかか炒め …… 82
ピーマンの甘辛みそ炒め …… 83
かぶとベーコンの黒酢炒め …… 86
さといものごまみそ炒め …… 89
大根のエスニック炒め …… 90
ミニトマトのハーブ炒め …… 95
にんじんのツナグラッセ風 …… 97
ごぼうのごま棒炒め …… 99
たけのこのアンチョビガーリック …… 100
さつまいもの高菜炒め …… 104
なすの甘みそ炒め …… 106
カラフル野菜のかんたんラタトゥイユ …… 108
コンビーフの野菜炒め …… 118
ちくわのケチャップ炒め …… 119

さつま揚げのキムチ炒め …… 119
野菜のドレッシング炒め …… 121
きくらげとセロリの炒め煮 …… 125
セロリの塩こぶきんぴら …… 126
にんじんのたらこきんぴら …… 126
れんこんのごまきんぴら …… 127
さつまいもの黒酢きんぴら …… 127
ごぼうのピリ辛きんぴら …… 127
ピリ辛こんにゃく …… 130
しらたきのたらこ炒め …… 131
ドライカレー …… 137
なめたけ …… 150
牛肉のしぐれ煮 …… 150
豚みそ風 …… 150
青菜のじゃこ炒め …… 153
ししとうのおかか煮 …… 153
おべんとごま塩 …… 154
パセリベーコンガーリック …… 154
たらのさっぱりそぼろ …… 155
ツナの甘辛そぼろ …… 155
ごま高菜明太 …… 155
焼きざけフレーク …… 156
干物ふりかけ …… 156
炒めソーセージ …… 156
たくあんのごま炒め …… 157

煮る

手羽中と干ししいたけの煮もの …… 22
牛すき煮風 …… 34
れんこんつくねの甘辛煮 …… 39

キャベツ入り煮込みハンバーグ …… 44
さばのトマトソース煮込み …… 56
シーフードミックスのとろみカレー煮 …… 60
ゆで卵と厚揚げの煮もの …… 68
小松菜の油揚げロール煮 …… 81
じゃがいものミルク煮 …… 85
さといもの塩煮黒こしょう風味 …… 89
ながいもの山椒風味の甘煮 …… 91
もやしのカレー煮 …… 93
ごぼうのおかか煮 …… 99
れんこんの具足煮 …… 101
かぼちゃのさっぱり含め煮 …… 102
かぼちゃのオレンジジュース煮 …… 103
さつまいものレモンバター煮 …… 104
ひじきとツナのしょうが煮 …… 107
ミックスベジタブルの中華風卵とじ …… 109
トンれんそうのめんつゆ煮茶きん …… 113
豆腐のミートソース煮 …… 121
トマトソースペンネ …… 121
さんまの卵とじ …… 122
高野豆腐のあけぼの煮 …… 125
切り干し大根の含め煮 …… 125
高野豆腐のミルク煮 …… 129
干ししいたけとこんにゃくの甘酢煮 …… 131
のりのつくだ煮 …… 149
ゆずみそ …… 149
実山椒のつくだ煮 …… 151
ちりめん山椒 …… 151
うずら豆の甘煮 …… 151
金時豆の赤ワイン煮 …… 152
天かすごま …… 154

揚げる

ピリ辛チキンカツ …… 15
ささみの七味風味の磯辺揚げ …… 20
豚のなすみそはさみ揚げ …… 27
豚の重ねみそカツ …… 30
ピーマンの肉詰め揚げ …… 42
ヘルシーメンチカツ …… 43
あじのセサミフライ …… 46
さけの竜田揚げ …… 53
さばの韓国風ひと口揚げ …… 57
さわらの梅風味揚げ …… 59
たらのアーモンドころも揚げ …… 61
洋風がんもどき …… 69
なつかしハムカツ …… 118

漬ける／マリネする

ゆで豚のハーブマリネ …… 24
豚の丸め揚げのポン酢漬け …… 26
かじきの南蛮漬け …… 51
たらの甘酢あんかけ …… 62
ほうれんそうのおべんとおひたし …… 75
えだまめの七味漬け …… 78
ピリ辛たたききゅうり …… 80
じゃがいものせん切りマリネ …… 85
かぶのこぶじゃこ漬け …… 86
キャベツとサーモンのはさみ漬け …… 88
大人のコールスロー …… 88
大根のかつお梅サンド …… 90

白菜のラーパーツアイ …… 92
ミニトマトのじゃこマリネ …… 94
ミニトマトの焼きびたし …… 95
赤ピーマンの甘煮マリネ …… 96
きのこの焼きびたし …… 98
なすの揚げびたし …… 106
カラフル野菜の即席ピクルス …… 108
オイルサーディンのマリネ風 …… 123
ししゃもの焼きびたし …… 129
長ねぎの洋風焼きびたし …… 157
残り野菜の甘酢漬け …… 157
切り干し大根のりんごジュース漬け …… 158
きゅうりのもみ漬け …… 159
ミックスビーンズのアンチョビ漬け …… 159
玉ねぎの酢漬け …… 160
大根の塩こぶ漬け …… 160
かわりみそ漬け …… 160

レンジ蒸し／フライパン蒸し／蒸し

鶏のスピード梅じそロール …… 16
鶏とカラフル野菜のナンプラー蒸し …… 18
豚のふっくらしょうが蒸し …… 31
キムチ入りシューマイ …… 40
さけのポン酢蒸し …… 52
たらとたっぷり野菜のレンジ蒸し …… 63
とうもろこしのみそバター蒸し …… 105
クイックポテサラ …… 117
白菜ロール …… 117
ささみと野菜のごまマリネ …… 117
温野菜サラダのささみ …… 141

オーブントースター／オーブン

かんたんタンドリー …… 19
手羽中のみそ漬け焼き …… 23
いわしのたらこマヨ焼き …… 47
さばのカレー風味焼き …… 55
さわらの粒マスタード焼き …… 58
ぶりのゆずこしょう焼き …… 64
ブロッコリーのツナグラタン風 …… 74
アスパラのキッシュ風 …… 76
カリフラワーのマヨカレー焼き …… 87
白菜のラザニア風 …… 92
ミニトマトのパセリチーズ焼き …… 94
きのこの香草マヨ焼き …… 98
たけのこのゆずみそ焼き …… 100
れんこんもちのピザ風 …… 101
はんぺんグラタン …… 119
さばのマヨ焼き …… 122
さけのピリ辛焼き …… 123

あえる

ほうれんそうのおべんとごまあえ …… 75
そらまめのクリームチーズあえ …… 78
おくらのえのき梅あえ …… 79
スナップえんどうのたらこマヨあえ …… 82
ピーマンののりキムチあえ …… 83
粉ふきいものアンチョビあえ …… 84
キムチポテサラ …… 84
カリフラワーのゆずこしょうあえ …… 87

赤ピーマンのからしあえ …… 96
にんじんのせん切りナッツあえ …… 97
かぼちゃのレーズンサラダ …… 103
ひじきの洋風サラダ …… 107
ミックスベジタブルのマヨドレサラダ …… 109
かつおときゅうりのしょうがあえ …… 123
エリンギとしめじのわかめあえ …… 130
えのきとしめじの粒マスタードあえ …… 131
卵スプレッド …… 135
ナムル …… 138
チーズおかか …… 158
クリームチーズの塩こぶあえ …… 158
にんじんと玉ねぎのレーズンあえ …… 158
きゅうりのからしあえ …… 159
梅ののりあえ …… 159
マヨキムチ …… 159
マッシュポテトのゆずこしょうあえ …… 160
キャベツのじゃこポンあえ …… 160

料理／植木もも子（うえき ももこ）
料理研究家・管理栄養士・国際薬膳師
「毎日の食事が健康を作る」をモットーに、料理教室や雑誌、書籍などで
美味しい料理を発信中。雑穀や中医栄養学にも造詣が深い。
主な著書に「ひとり暮らしのおかずになるスープ101」（弊社刊）など。
http://www.peachtreekitchen.jp/

装丁・デザイン／髙橋郁子
撮影／中川真理子
調理アシスタント／鈴木麻衣子
スタイリング／大沢早苗

編集ディレクター／篠原麻子

企画・進行／楠本麻里

撮影協力

旭化成ホームプロダクツ	☎03-3296-3417
イエロースタジオ	☎053-468-0755
大館工芸社	☎0186-48-7700
倉敷意匠計画室	☎086-463-3110
トルネ	☎073-471-1225

朝つくらない お弁当の手帖

＊読者のみなさまへ
本書の内容に関するお問い合わせは、お手紙かメール（info@TG-NET.co.jp）
にて承ります。恐縮ですが、電話でのお問い合わせはご遠慮ください。

2009年７月１日　初版第１刷発行
2011年３月25日　初版第17刷発行

著　者　植木もも子
発行者　穂谷竹俊
発行所　株式会社　日東書院本社
〒160-0022　東京都新宿区新宿２丁目15番14号　辰巳ビル
TEL：03-5360-7522（代表）　FAX：03-5360-8951（販売部）
振替：00180-0-705733　　URL：http://www.TG-NET.co.jp

印刷・製本所　凸版印刷株式会社

ISBN978-4-528-01974-4 C2077